एक वोट की ताकत

आपकी उंगली की स्याही ही
देश का भविष्य लिखती है

एक प्रेरणादायक संघर्ष,
अपने अधिकारों को जानें

काली शंकर यदुवंशी

राष्ट्रीय अध्यक्ष - वन भारत सिटीज़न पार्टी (O.B.C. Party)

notionpress.com

INDIA · SINGAPORE · MALAYSIA

ISBN

Hardcase 979-8-90431-960-1
Paperback 979-8-90431-283-1

हम, भारत के नागरिक, लोकतंत्र में अपनी पूर्ण आस्था रखते हुए
यह शपथ लेते हैं कि हम अपने देश की लोकतांत्रिक

परंपराओं की मर्यादा को बनाए रखेंगे तथा स्वतंत्र, निष्पक्ष एवं
शांतिपूर्ण निर्वाचन की गरिमा को अक्षुण्ण रखते हुए,

निर्भीक होकर, धर्म, वर्ग, जाति, समुदाय अथवा अन्य किसी भी
प्रलोभन से प्रभावित हुए बिना सभी निर्वाचनों में

अपने मताधिकार का प्रयोग करेंगे।

अंतर्वस्तु

लेखक परिचय

कालीशंकर यदुवंशी वन भारत सिटीज़न पार्टी (O.B.C. Party) के राष्ट्रीय अध्यक्ष है। एक सामाजिक चिंतक, राजनीतिज्ञ और जन-जागरूकता के समर्थक हैं। जमीन से जुड़े राजनैतिक योद्धा हैं, जिन्होंने सत्ता के गलियारों और आम आदमी के संघर्षों को बहुत करीब से देखा है। उनका उद्देश्य समाज में जागरूकता फैलाना और नागरिकों को लोकतंत्र की शक्ति के प्रति प्रेरित करना है।

कालीशंकर यदुवंशी का मानना है कि किसी भी लोकतंत्र की सबसे बड़ी ताकत उसके जागरूक नागरिक होते हैं। जब लोग अपने अधिकारों और कर्तव्यों को समझते हैं और मतदान के माध्यम से अपनी भागीदारी निभाते हैं, तभी लोकतंत्र वास्तव में मजबूत बनता है।

"**एक वोट की ताकत**" पुस्तक के माध्यम से लेखक ने यह संदेश देने का प्रयास किया है कि एक साधारण नागरिक का वोट भी देश की दिशा और भविष्य को प्रभावित कर सकता है।

लेखक का विश्वास है कि यदि हर नागरिक जागरूक होकर मतदान करे और दूसरों को भी इसके लिए प्रेरित करे, तो भारत का लोकतंत्र और अधिक मजबूत तथा प्रभावी बन सकता है।

भूमिका (Preface)

भारत दुनिया का सबसे बड़ा लोकतंत्र है। इस लोकतंत्र की सबसे बड़ी शक्ति न तो सरकार है और न ही कोई नेता, बल्कि देश का जागरूक मतदाता है।

हर चुनाव केवल सरकार चुनने की प्रक्रिया नहीं होता, बल्कि यह देश की दिशा और भविष्य तय करने का अवसर होता है। एक साधारण नागरिक का वोट भी उतना ही महत्वपूर्ण होता है जितना किसी बड़े और प्रभावशाली व्यक्ति का।

फिर भी कई बार लोग मतदान के महत्व को पूरी तरह नहीं समझ पाते। कुछ लोग यह सोचते हैं कि उनके एक वोट से कोई फर्क नहीं पड़ेगा, जबकि सच्चाई यह है कि इतिहास में कई चुनाव ऐसे हुए हैं जहाँ बहुत कम मतों के अंतर से परिणाम तय हुए हैं। इससे यह स्पष्ट होता है कि लोकतंत्र में प्रत्येक वोट का अपना विशेष महत्व है।

लोकतंत्र किसी भी राष्ट्र की सबसे महत्वपूर्ण व्यवस्था होती है। यह वह प्रणाली है जिसमें देश की जनता स्वयं अपने प्रतिनिधियों का चुनाव करती है और शासन की दिशा तय करती है। भारत जैसे विशाल और विविधतापूर्ण देश में लोकतंत्र केवल एक व्यवस्था नहीं, बल्कि एक विश्वास है—यह विश्वास कि हर नागरिक की आवाज़ महत्वपूर्ण है।

इन्हीं विचारों को ध्यान में रखते हुए यह पुस्तक **"एक वोट की ताकत"** लिखी गई है। इस पुस्तक का उद्देश्य केवल चुनाव प्रक्रिया के बारे में जानकारी देना नहीं है, बल्कि मतदाताओं को उनके अधिकारों, जिम्मेदारियों और लोकतंत्र में उनकी भूमिका के प्रति जागरूक करना भी है।

इस पुस्तक में मतदान की प्रक्रिया, मतदान का महत्व, मतदाता के अधिकार, जिम्मेदार मतदाता की भूमिका और लोकतंत्र में वोट की शक्ति को सरल और स्पष्ट भाषा में समझाने का प्रयास किया गया है, ताकि हर पाठक इसे आसानी से समझ सके।

मेरा विश्वास है कि यदि नागरिक जागरूक होंगे और अपने मताधिकार का उपयोग जिम्मेदारी के साथ करेंगे, तो हमारा लोकतंत्र और अधिक मजबूत तथा प्रभावी बनेगा।

यदि इस पुस्तक को पढ़ने के बाद कोई नागरिक मतदान के महत्व को समझे और मतदान करने के लिए प्रेरित हो, तो यही इस पुस्तक की सबसे बड़ी सफलता होगी।

– कालीशंकर यदुवंशी

लेखक का जन-संदेश

प्रिय पाठकों,

यह पुस्तक **"एक वोट की ताकत"** केवल एक कहानी नहीं है, बल्कि यह लोकतंत्र की उस शक्ति की याद दिलाने का प्रयास है जो हर नागरिक के हाथ में होती है—**वोट की शक्ति**।

हम सभी अक्सर राजनीति, सरकार और नेताओं के बारे में बात करते हैं, लेकिन कई बार हम यह भूल जाते हैं कि लोकतंत्र की असली ताकत जनता में होती है। जब एक नागरिक मतदान करता है, तब वह केवल एक उम्मीदवार नहीं चुनता, बल्कि वह अपने देश के भविष्य के निर्माण में भाग लेता है।

भारत जैसे विशाल लोकतंत्र में हर वोट का महत्व है। कई बार लोग यह सोचकर मतदान नहीं करते कि उनके एक वोट से क्या फर्क पड़ेगा। लेकिन इतिहास गवाह है कि कई चुनाव बहुत कम मतों के अंतर से तय हुए हैं। इसका अर्थ यह है कि हर वोट की अपनी शक्ति और महत्व होता है।

इस पुस्तक को लिखने का उद्देश्य यही है कि नागरिक अपने मताधिकार के महत्व को समझें और मतदान को केवल एक अधिकार नहीं, बल्कि एक जिम्मेदारी के रूप में देखें।

एक जागरूक मतदाता ही एक मजबूत लोकतंत्र की नींव होता है। जब नागरिक सोच-समझकर मतदान करते हैं, तब देश की दिशा सही हाथों में जाती है और समाज में सकारात्मक परिवर्तन संभव होता है।

मुझे आशा है कि यह पुस्तक पाठकों को मतदान के महत्व के बारे में सोचने और समझने के लिए प्रेरित करेगी।

आइए, हम सभी मिलकर यह संकल्प लें कि हम अपने मताधिकार का सम्मान करेंगे और लोकतंत्र को मजबूत बनाने में अपनी भूमिका निभाएँगे।

क्योंकि याद रखिए—

आपका एक वोट केवल एक बटन नहीं, बल्कि भारत के भविष्य का निर्णय है।

– कालीशंकर यदुवंशी

भाग 1

संघर्ष और संकल्प—एक शिक्षक की गौरवगाथा

अध्याय 1

कतार का आखिरी आदमी

शहर की चिलचिलाती धूप आज कुछ अलग लग रही थी।

सड़कें गर्म थीं, हवा भी तप रही थी, लेकिन लोगों के चेहरों पर एक अनोखा उत्साह था।

हर पाँच साल में आने वाला यह दिन किसी त्योहार से कम नहीं था—

चुनाव का दिन।

सरकारी स्कूल के साधारण शिक्षक कैलाश अपनी पुरानी साइकिल से मतदान केंद्र की ओर बढ़ रहे थे।

उनकी सफेद कमीज पसीने से भीग चुकी थी, लेकिन चेहरे पर एक शांत संतोष था।

वह अक्सर अपने विद्यार्थियों से कहते थे—

"लोकतंत्र की असली ताकत किताबों में नहीं, बल्कि वोट में होती है।"

आज वह खुद उसी बात को निभाने जा रहे थे।

मतदान केंद्र के बाहर लंबी कतार लगी हुई थी।

बूढ़े, जवान, महिलाएँ, छात्र—हर कोई अपनी बारी का इंतज़ार कर रहा था।

कैलाश चुपचाप जाकर कतार के आखिर में खड़े हो गए।

तभी पीछे से आवाज आई—

"अरे मास्टर जी! आप भी लाइन में?"

यह रघुनंदन था, मोहल्ले का दुकानदार।

कैलाश हल्के से मुस्कुराए—

"हाँ भाई, अगर हम ही वोट नहीं देंगे, तो बच्चों को क्या सिखाएँगे?"

रघुनंदन हँसते हुए बोला—

"सही बात है... लेकिन सच बताऊँ, हम जैसे लोगों के वोट से क्या बदलता है?"

कैलाश कुछ पल चुप रहे, फिर धीरे से बोले—

"बदलता है... बस हमें दिखाई नहीं देता।"

कतार धीरे-धीरे आगे बढ़ रही थी।

धूप तेज होती जा रही थी, लेकिन लोगों के चेहरे पर धैर्य था।

इसी बीच कुछ काली शीशों वाली गाड़ियाँ मतदान केंद्र के पास आकर रुकीं।

सफेद कपड़ों में कुछ लोग उतरे और बिना कतार में लगे अंदर चले गए।

लोगों के बीच हल्की फुसफुसाहट शुरू हो गई—

"ये कौन हैं?"

"लाइन में क्यों नहीं लग रहे?"

लेकिन कोई खुलकर कुछ नहीं बोला।

कैलाश ने कुछ नहीं कहा, लेकिन उनकी नज़र कतार में खड़ी एक बुजुर्ग महिला पर टिक गई।

वह काँपते हाथों से अपना पहचान पत्र पकड़े खड़ी थी।

उसके पैरों में पुराने चप्पल थे, लेकिन आँखों में उम्मीद थी।

कैलाश के मन में एक विचार कौंधा—

"यह सिर्फ एक वोट नहीं है...

यह इस महिला की आवाज है।"

करीब तीन घंटे बाद आखिरकार कैलाश की बारी आई।

वह मतदान कक्ष के अंदर पहुँचे।

कमरे में हल्की ठंडक थी और कुछ अधिकारी अपने काम में लगे हुए थे।

उन्होंने अपना पहचान पत्र आगे बढ़ाया।

मतदान अधिकारी ने सूची में उनका नाम ढूँढना शुरू किया...

कुछ सेकंड बाद उसका चेहरा थोड़ा बदल गया।

वह फिर से सूची देखने लगा।

कैलाश ने पूछा—

"क्या हुआ?"

अधिकारी ने धीमी आवाज में कहा—

"आपका नाम तो है... लेकिन..."

"लेकिन क्या?"

अधिकारी ने सूची उनकी ओर घुमाई।

कैलाश की नज़र अपने नाम पर पड़ी—

उसके सामने पहले से एक निशान लगा हुआ था।

"यह क्या है?" कैलाश की आवाज हल्की काँप गई।

अधिकारी ने असहज होकर कहा—

"रिकॉर्ड के अनुसार आपका वोट पहले ही डाला जा चुका है।"

कुछ पल के लिए कैलाश को लगा जैसे समय रुक गया हो।

"यह कैसे हो सकता है?"

"मैं तो अभी पहली बार आया हूँ..."

अधिकारी ने औपचारिक स्वर में कहा—

"हमें जो रिकॉर्ड मिला है, उसी के अनुसार आपका वोट दर्ज हो चुका है।

नियम के अनुसार आप दोबारा वोट नहीं डाल सकते।"

कैलाश कुछ पल तक वहीं खड़े रहे।

उनके दिमाग में कई सवाल एक साथ घूमने लगे—

क्या यह गलती है?

या कुछ और?

उन्होंने आखिरी बार कहा—

"सर, यह मेरा अधिकार है..."

लेकिन अधिकारी ने नजरें झुका लीं।

"क्षमा कीजिए..."

कैलाश धीरे-धीरे बाहर निकल आए।

कतार अब भी उतनी ही लंबी थी।

लोग अपनी बारी का इंतज़ार कर रहे थे—उम्मीद के साथ।

कैलाश ने अपनी उंगली की ओर देखा—

वहाँ स्याही का कोई निशान नहीं था।

लेकिन उनके मन पर एक गहरा निशान पड़ चुका था।

आज उन्होंने पहली बार महसूस किया—

"कभी-कभी आवाज छीन ली जाती है...

बिना कुछ कहे।"

उन्हें यह नहीं पता था—

कि आज का यह अनुभव

उनकी जिंदगी की सबसे बड़ी लड़ाई की शुरुआत बनने वाला है।

* * * * *

अध्याय 2

एक वोट की चोरी

मतदान केंद्र से बाहर निकलते हुए कैलाश के कदम भारी थे।

भीड़ अब भी वैसी ही थी—उम्मीद से भरी, शांत और अपने अधिकार को निभाने के लिए तैयार।

लेकिन कैलाश के अंदर कुछ टूट चुका था।

उन्होंने पीछे मुड़कर मतदान केंद्र को देखा।

वही दरवाज़ा, जहाँ से हर व्यक्ति अपने अधिकार का प्रयोग करके बाहर आ रहा था...

और वही दरवाज़ा, जहाँ से वह **खाली हाथ लौटे थे।**

"मास्टर जी, हो गया वोट?"

रघुनंदन ने पास आकर पूछा।

कैलाश कुछ पल चुप रहे, फिर धीमे से बोले—

"मेरा वोट... पहले ही डाला जा चुका है।"

रघुनंदन पहले तो हँसा—

"अरे मजाक मत कीजिए..."

लेकिन कैलाश की आँखों की गंभीरता देखकर उसकी हँसी रुक गई।

"सच में?"

कैलाश ने सिर हिलाया।

अब रघुनंदन भी चुप हो गया।

दोनों कुछ देर तक बिना कुछ बोले खड़े रहे।

पास ही खड़े कुछ और लोग उनकी बात सुनकर इकट्ठा होने लगे।

"क्या हुआ?"

"क्या दिक्कत है?"

कैलाश ने धीरे-धीरे पूरी बात बताई।

भीड़ में हलचल शुरू हो गई।

"मेरे साथ भी ऐसा हुआ है..."

एक युवक आगे आया।

"और मेरे चाचा का भी..."

दूसरी आवाज आई।

कैलाश ने चौंककर उन लोगों की ओर देखा।

"आपका भी?"

युवक ने कहा—

"हाँ मास्टर जी, मैं सुबह आया था... मुझे भी यही कहा गया कि मेरा वोट पहले ही पड़ चुका है।"

अब यह सिर्फ एक घटना नहीं लग रही थी।

यह कुछ और था... कुछ बड़ा।

कैलाश के मन में सवाल और गहराने लगे—

क्या यह सिर्फ गलती है?

या जानबूझकर किया गया है?

उन्होंने फैसला किया कि वह इसे ऐसे नहीं छोड़ेंगे।

"चलो, हम सब मिलकर अंदर बात करते हैं," उन्होंने कहा।

कुछ लोग हिचकिचाए—

"क्या फायदा होगा?"

कैलाश ने दृढ़ आवाज में कहा—

"अगर हम अभी नहीं बोलेंगे, तो फिर कभी नहीं बोल पाएँगे।"

उनकी बात में एक सच्चाई थी, जिसने लोगों को रोक लिया।

करीब पाँच-छह लोग उनके साथ अंदर गए।

इस बार कैलाश सीधे पीठासीन अधिकारी के पास पहुँचे।

"सर, यहाँ सिर्फ मेरा ही नहीं... इन सबका भी वोट पहले से दर्ज दिखाया जा रहा है।"

अधिकारी ने एक नजर सब पर डाली।

उसके चेहरे पर असहजता साफ थी।

"देखिए, यह प्रक्रिया हमारे नियंत्रण में नहीं है... जो सूची हमें मिली है, हम उसी के अनुसार काम कर रहे हैं।"

कैलाश ने शांत लेकिन दृढ़ स्वर में कहा—

"लेकिन सर, अगर सूची ही गलत है, तो हम अपने अधिकार से वंचित हो रहे हैं।"

अधिकारी कुछ पल चुप रहा।

फिर बोला—

"आप लिखित शिकायत दे सकते हैं।"

"और आज का वोट?"

कैलाश ने पूछा।

अधिकारी ने नजरें झुका लीं—

"आज के लिए... कुछ नहीं किया जा सकता।"

यह सुनकर कैलाश के अंदर गुस्सा और बेबसी एक साथ उठी।

लेकिन उन्होंने खुद को संभाला।

"ठीक है," उन्होंने कहा,

"हम शिकायत देंगे... और इसका जवाब भी माँगेंगे।"

वे बाहर आए।

भीड़ अब और बढ़ गई थी।

लोग उत्सुक थे—क्या हुआ, क्या नहीं।

कैलाश ने सबको देखा।

अब यह सिर्फ उनका मामला नहीं था।

यह उन सभी लोगों की आवाज थी—

जिनका वोट उनसे छीन लिया गया था।

उन्होंने पास खड़े आर्यन को देखा—एक कॉलेज छात्र, जो अब तक चुपचाप सब देख रहा था।

"क्या आप हमारी मदद करेंगे?" कैलाश ने पूछा।

आर्यन ने बिना झिझक कहा—

"हाँ, मास्टर जी... यह सिर्फ आपका नहीं, हम सबका मामला है।"

कैलाश ने पहली बार हल्की मुस्कान दी।

उन्हें एहसास हो गया था—

एक वोट की चोरी सिर्फ एक व्यक्ति का नुकसान नहीं है...

यह पूरे लोकतंत्र की आवाज को कमजोर करने की कोशिश है।

और शायद...

यह लड़ाई अब यहीं से शुरू होने वाली थी।

* * * * *

अध्याय 3

स्याही का दाग या सम्मान

रात गहरा चुकी थी।

शहर की हलचल अब धीमी पड़ गई थी, लेकिन कैलाश के मन में उठता शोर थमने का नाम नहीं ले रहा था।

वह अपने घर के बरामदे में कुर्सी पर बैठे थे।

सामने मेज पर रखा पुराना रेडियो चुनावी खबरें सुना रहा था—

"इस बार मतदान प्रतिशत पिछले चुनाव की तुलना में अधिक रहा है..."

कैलाश ने रेडियो की आवाज धीमी कर दी।

उन्हें यह सुनकर कोई संतोष नहीं हो रहा था।

क्योंकि आज उन्होंने खुद महसूस किया था कि

सिर्फ प्रतिशत बढ़ने से लोकतंत्र मजबूत नहीं होता...

जब तक हर वोट सच में दर्ज न हो।

उनकी नजर अपनी उँगलियों पर गई।

आज उनकी उंगली पर स्याही का कोई निशान नहीं था।

और यही बात उन्हें सबसे ज्यादा कचोट रही थी।

तभी अंदर से उनकी पत्नी सुमति की आवाज आई—

"खाना ठंडा हो रहा है... कब तक ऐसे बैठे रहेंगे?"

कैलाश धीरे-धीरे अंदर गए।

सुमति ने उनकी ओर देखा।

"क्या हुआ? आप सुबह से बहुत चुप हैं।"

कैलाश कुछ पल चुप रहे, फिर बोले—

"आज मैं अपना वोट नहीं डाल पाया..."

सुमति चौंक गई—

"क्यों? तबियत तो ठीक थी ना?"

"तबियत नहीं... सिस्टम ठीक नहीं था,"

कैलाश ने धीमे लेकिन भारी स्वर में कहा।

उन्होंने पूरी घटना सुमति को बताई।

सुमति ध्यान से सुनती रही।

कुछ देर बाद उसने धीरे से कहा—

"तो अब क्या करेंगे?"

कैलाश ने तुरंत जवाब नहीं दिया।

वह खिड़की के पास जाकर खड़े हो गए।

बाहर सड़क पर हल्की रोशनी थी।

कुछ लोग अब भी चुनाव की बातें कर रहे थे।

कैलाश के मन में एक सवाल बार-बार उठ रहा था—

"क्या मैं इसे बस एक गलती मानकर भूल जाऊँ?"

या

"क्या मुझे इसके खिलाफ खड़ा होना चाहिए?"

तभी दरवाजे पर हल्की दस्तक हुई।

"खट-खट..."

कैलाश ने दरवाजा खोला।

बाहर वही युवक खड़ा था—आर्यन।

"मास्टर जी, मैं अंदर आ सकता हूँ?"

"हाँ, आओ," कैलाश ने कहा।

आर्यन अंदर आया और सीधे बोला—

"आज जो हुआ... वह सिर्फ आपके साथ नहीं हुआ है।"

कैलाश ने ध्यान से उसकी ओर देखा।

"मैंने कई लोगों से बात की," आर्यन बोला,

"कम से कम दस लोग ऐसे हैं जिनका वोट उनसे छीन लिया गया।"

कैलाश के चेहरे पर गंभीरता और बढ़ गई।

"क्या सबको यही बताया गया?"

"हाँ... कि उनका वोट पहले ही डाला जा चुका है।"

कमरे में कुछ पल के लिए सन्नाटा छा गया।

अब यह साफ था—

यह सिर्फ एक गलती नहीं थी।

यह एक पैटर्न था।

कैलाश ने धीरे-धीरे कहा—

"हमें इन सबकी सूची बनानी होगी।"

आर्यन ने तुरंत सिर हिलाया—

"मैं तैयार हूँ।"

सुमति भी अब तक सब समझ चुकी थी।

उसने धीमे से कहा—

"लेकिन ध्यान रखना... यह आसान नहीं होगा।"

कैलाश ने उसकी ओर देखा।

"सही काम कभी आसान नहीं होता," उन्होंने शांत स्वर में कहा।

आर्यन ने अपनी जेब से एक नोटबुक निकाली।

"चलो, शुरुआत करते हैं," उसने कहा।

कैलाश ने पहली बार उस रात एक गहरी सांस ली।

उन्हें महसूस हो रहा था—

आज उनके पास स्याही का निशान नहीं है...

लेकिन शायद यही बात उन्हें एक नई राह पर ले जा रही है।

उन्होंने कागज पर पहला नाम लिखा—

"कैलाश"

फिर दूसरा... तीसरा...

सूची धीरे-धीरे बढ़ने लगी।

और उसी के साथ एक नई कहानी भी—

एक सवाल से शुरू हुई...

जो अब जवाब मांगने वाली थी।

* * * * *

अध्याय 4

दीवारों पर दस्तक

अगली सुबह शहर में हल्की ठंडक थी, लेकिन कैलाश के मन में बेचैनी थी।

रात भर वह सो नहीं पाए थे।

टेबल पर रखी वह सूची बार-बार उनकी नजरों के सामने आ जाती—

उन लोगों के नाम, जिनका वोट उनसे छीन लिया गया था।

यह सिर्फ नाम नहीं थे...

यह उन आवाज़ों की सूची थी, जिन्हें दबा दिया गया था।

सुबह होते ही आर्यन उनके घर पहुँचा।

"मास्टर जी, मैंने कल रात और लोगों से बात की," उसने उत्साह और चिंता के बीच कहा।

"सूची अब पंद्रह लोगों तक पहुँच गई है।"

कैलाश ने कागज़ लिया और ध्यान से देखा।

हर नाम के पीछे एक कहानी थी—

किसी को वोट डालने से रोका गया,

किसी को बताया गया कि उसका वोट पहले ही दर्ज हो चुका है।

कैलाश ने धीरे से कहा—

"अब हमें सिर्फ सुनना नहीं... देखना भी होगा।"

"मतलब?" आर्यन ने पूछा।

"मतलब, हमें लोगों के पास जाना होगा... हर गली, हर मोहल्ले में," कैलाश बोले।

उस दिन से दोनों ने एक नई शुरुआत की।

वे घर-घर गए, दुकानों पर रुके, लोगों से बात की।

शुरुआत आसान नहीं थी।

कई लोग डर रहे थे।

एक दुकानदार ने धीरे से कहा—

"भैया जी के लोग बहुत ताकतवर हैं... उनसे उलझना ठीक नहीं।"

कैलाश ने शांत स्वर में जवाब दिया—

"हम किसी से उलझने नहीं... अपने अधिकार की बात करने आए हैं।"

धीरे-धीरे लोग खुलने लगे।

एक बुजुर्ग महिला ने काँपती आवाज में कहा—

"बेटा, मैं तो सुबह से लाइन में लगी थी... लेकिन अंदर जाकर बोले कि मेरा वोट पहले ही हो गया।"

एक युवक बोला—

"हमें तो अंदर जाने ही नहीं दिया गया।"

हर नई बात एक ही दिशा में इशारा कर रही थी।

शाम तक उनकी सूची बीस नामों तक पहुँच चुकी थी।

आर्यन ने थके हुए स्वर में कहा—

"मास्टर जी, यह मामला बहुत बड़ा लग रहा है।"

कैलाश कुछ पल चुप रहे।

फिर बोले—

"हाँ... और इसलिए अब इसे सही जगह तक पहुँचाना होगा।"

"कहाँ?"

कैलाश ने दृढ़ नजरों से कहा—

"जिला कलेक्टर के पास।"

आर्यन थोड़ा चौंका—

"क्या वे हमारी बात सुनेंगे?"

कैलाश ने शांत लेकिन मजबूत आवाज में कहा—

"यह उनकी जिम्मेदारी है... और हमारा अधिकार।"

शाम को दोनों ने बैठकर सूची को व्यवस्थित किया।

हर नाम के साथ पूरी जानकारी लिखी—

नाम, स्थान, क्या हुआ, कब हुआ।

अब यह सिर्फ एक सूची नहीं रही थी...

यह एक दस्तावेज बन चुकी थी—

सच का दस्तावेज।

तभी दरवाजे पर दस्तक हुई।

"खट-खट..."

कैलाश ने दरवाजा खोला।

बाहर एक दुबला-पतला युवक खड़ा था।

उसकी आँखों में घबराहट साफ दिख रही थी।

"आप कैलाश मास्टर हैं?"

"हाँ... अंदर आइए," कैलाश ने कहा।

युवक अंदर आया, लेकिन बार-बार दरवाजे की ओर देख रहा था।

"डरिए मत, यहाँ सुरक्षित हैं," कैलाश ने उसे आश्वस्त किया।

युवक ने धीमी आवाज में कहा—

"मैं उस मतदान केंद्र पर काम करता था..."

कमरे में अचानक सन्नाटा छा गया।

आर्यन आगे झुककर बोला—

"क्या हुआ था वहाँ?"

युवक ने गहरी सांस ली—

"चुनाव से एक दिन पहले... कुछ लोग आए थे।"

"कौन लोग?" कैलाश ने पूछा।

युवक ने धीरे से कहा—

"स्थानीय नेताओं के आदमी..."

कैलाश की आँखें गंभीर हो गईं।

"उन्होंने क्या किया?"

युवक ने काँपती आवाज में कहा—

"उन्होंने कुछ नामों के सामने पहले से निशान लगा दिए... और कहा कि सुबह इन लोगों को वोट डालने की जरूरत नहीं पड़ेगी।"

कमरे में भारी खामोशी छा गई।

अब सच्चाई धीरे-धीरे साफ हो रही थी।

यह गलती नहीं थी...

यह योजना थी।

आर्यन ने गुस्से में कहा—

"मतलब... लोगों का अधिकार जानबूझकर छीना गया?"

युवक ने सिर झुका लिया—

"हाँ..."

कैलाश खिड़की के पास जाकर खड़े हो गए।

बाहर अंधेरा हो चुका था।

लेकिन उनके अंदर एक नई रोशनी जल चुकी थी।

उन्होंने धीरे से कहा—

"अब हम सिर्फ बात नहीं करेंगे... कार्रवाई करेंगे।"

आर्यन ने पूछा—

"कल?"

कैलाश ने दृढ़ आवाज में कहा—

"हाँ... कल हम कलेक्टर ऑफिस जाएंगे।"

उन्होंने मेज पर रखी सूची उठाई।

"यह सिर्फ कागज नहीं है..."

फिर उन्होंने धीरे-धीरे कहा—

"यह लोकतंत्र के दरवाजे पर हमारी दस्तक है।"

* * * * *

अध्याय 5

कलेक्टर का दरबार

अगली सुबह जिला मुख्यालय के बाहर असामान्य हलचल थी।

आमतौर पर यहाँ लोग चुपचाप अपनी फाइलें लेकर आते-जाते थे, लेकिन आज माहौल अलग था।

कैलाश के साथ करीब बीस-पच्चीस लोग खड़े थे—

वही लोग, जिनका वोट उनसे छीन लिया गया था।

किसी के हाथ में कागज़ था,

किसी के चेहरे पर चिंता,

और सबकी आँखों में एक ही उम्मीद—

न्याय की उम्मीद।

आर्यन मोबाइल हाथ में लिए सब कुछ रिकॉर्ड कर रहा था।

"मास्टर जी... अंदर जाने देंगे ना?"

एक बुज़ुर्ग महिला ने घबराकर पूछा।

कैलाश ने शांत स्वर में कहा—

"यह हमारा अधिकार है... हम अपनी बात रखने आए हैं।"

वे मुख्य द्वार की ओर बढ़े।

सुरक्षाकर्मी ने उन्हें रोका—

"बिना अनुमति अंदर नहीं जा सकते।"

कैलाश ने विनम्रता से कहा—

"हमें जिला कलेक्टर से मिलना है। यह चुनाव से जुड़ा मामला है।"

कुछ बहस और इंतज़ार के बाद,

आखिरकार कैलाश और आर्यन को अंदर जाने की अनुमति मिल गई।

बाकी लोग बाहर ही इंतज़ार करने लगे।

कलेक्टर का कमरा ठंडा और सजा हुआ था।

बाहर की धूल और गर्मी से बिल्कुल अलग।

मेज के पीछे बैठे थे—

जिला कलेक्टर श्री खन्ना।

उन्होंने बिना सिर उठाए कहा—

"हाँ, बताइए।"

कैलाश आगे बढ़े और सूची मेज़ पर रख दी।

"सर, यह उन लोगों की सूची है जिनका वोट उनसे छीन लिया गया है।

हम चाहते हैं कि इसकी जांच हो।"

खन्ना ने सूची को सरसरी नज़र से देखा।

"यह बहुत गंभीर आरोप है," उन्होंने कहा,

"आपके पास क्या प्रमाण है?"

कैलाश ने शांत स्वर में जवाब दिया—

"सर, हर नाम के साथ पूरी जानकारी है।

और अगर आप जांच कराएँगे, तो सच्चाई सामने आ जाएगी।"

आर्यन ने भी कहा—

"हमारे पास लोगों के बयान भी रिकॉर्ड हैं।"

खन्ना कुर्सी पर पीछे झुक गए।

कुछ पल तक कमरे में चुप्पी रही।

फिर उन्होंने कहा—

"देखिए, चुनाव बहुत बड़ी प्रक्रिया होती है।

कभी-कभी छोटी-मोटी त्रुटियाँ हो जाती हैं।"

आर्यन से रहा नहीं गया—

"सर, यह त्रुटि नहीं है... यह लोगों के अधिकार का सवाल है!"

कैलाश ने हाथ से इशारा कर उसे शांत किया।

फिर बोले—

"सर, अगर एक-दो मामले होते तो हम इसे गलती मान लेते...

लेकिन यहाँ कई लोगों के साथ एक जैसी घटना हुई है।"

खन्ना अब थोड़े गंभीर हुए।

"ठीक है," उन्होंने कहा,

"आप लिखित शिकायत जमा कर दीजिए।

हम इस पर विचार करेंगे।"

"सर, सिर्फ विचार नहीं... जांच जरूरी है,"

कैलाश ने दृढ़ स्वर में कहा।

तभी दरवाज़ा बिना दस्तक के खुला।

अंदर एक आदमी आया—

सफेद कपड़े, आत्मविश्वास भरी चाल।

कैलाश ने उसे पहचान लिया—

वह स्थानीय प्रभावशाली नेता का करीबी व्यक्ति था।

उसने हल्की मुस्कान के साथ कहा—

"अरे मास्टर जी... आप यहाँ भी पहुँच गए?"

कमरे का माहौल अचानक बदल गया।

खन्ना ने उसकी मौजूदगी पर कोई आपत्ति नहीं जताई।

कैलाश सब समझ गए—

यह सिर्फ प्रशासनिक मामला नहीं था...

वह आदमी पास आकर बोला—

"मास्टर जी, आप पढ़े-लिखे आदमी हैं।

छोटी-छोटी बातों को इतना बड़ा बनाने की क्या जरूरत है?"

कैलाश ने शांत लेकिन ठोस आवाज में कहा—

"अगर यह छोटी बात है... तो फिर इतने लोग क्यों परेशान हैं?"

वह आदमी मुस्कुराया—

"कभी-कभी गलतफहमियाँ हो जाती हैं।"

कैलाश ने सीधे उसकी आँखों में देखा—

"गलतफहमी तब होती है जब सच छुपाया जाए।"

कमरे में कुछ पल के लिए सन्नाटा छा गया।

खन्ना ने बीच में कहा—

"आप लोग जा सकते हैं।

हम इस मामले को देखेंगे।"

कैलाश ने सूची वापस उठाई।

"सर, हम उम्मीद करते हैं कि आप इसे सिर्फ देखेंगे नहीं...

सुनेंगे भी।"

वे मुड़े और बाहर निकल गए।

बाहर खड़ी भीड़ उनकी ओर दौड़ी।

"क्या हुआ?"

"क्या बोले कलेक्टर?"

कैलाश ने सबको देखा।

फिर ऊँची आवाज में कहा—

"हमारी बात सुनी गई है...

लेकिन अभी लड़ाई बाकी है।"

लोगों के चेहरे पर एक नई गंभीरता आ गई।

आर्यन ने कैमरा ऑन किया और कहा—

"यह सिर्फ शुरुआत है... अब हर आवाज सामने आएगी।"

भीड़ में से आवाज उठी—

"हम साथ हैं!"

कैलाश ने उस भीड़ को देखा—

अब यह सिर्फ शिकायत नहीं थी...

यह एक आंदोलन बनने की शुरुआत थी।

उसी समय, शहर के एक कोने में

एक आलीशान बंगले के अंदर

यह खबर पहुँच चुकी थी।

किसी ने धीमी आवाज में कहा—

"साहब... मास्टर कलेक्टर तक पहुँच गया है।"

कमरे में बैठे व्यक्ति ने ठंडी आवाज में जवाब दिया—

"तो अब... उसे रोकना पड़ेगा।"

* * * * *

अध्याय 6

डर की रात

कलेक्टर कार्यालय से लौटने के बाद शहर का माहौल बदल चुका था।

चौराहों पर, चाय की दुकानों पर, गलियों में—हर जगह एक ही चर्चा थी—

"मास्टर जी ने आवाज उठाई है..."

कुछ लोग उनकी हिम्मत की तारीफ कर रहे थे,

तो कुछ लोग धीमी आवाज में चेतावनी दे रहे थे—

"जिनके खिलाफ खड़े हुए हैं... वो लोग बहुत ताकतवर हैं।"

शाम धीरे-धीरे रात में बदल गई।

कैलाश अपने घर के बरामदे में बैठे थे।

सामने मेज पर वही सूची रखी थी—

उन लोगों की, जिनका वोट उनसे छीन लिया गया था।

आर्यन भी पास ही बैठा था, मोबाइल में लोगों के संदेश पढ़ते हुए।

"मास्टर जी, लोग समर्थन कर रहे हैं," उसने कहा।

"कई लोग लिख रहे हैं कि उनके साथ भी यही हुआ है।"

कैलाश ने हल्की मुस्कान दी—

"जब लोग बोलना शुरू करते हैं... तभी बदलाव की शुरुआत होती है।"

लेकिन उसी समय दूर सड़क पर एक गाड़ी आकर रुकी।

हेडलाइट की रोशनी कुछ पल के लिए बरामदे तक आई...

फिर बुझ गई।

आर्यन ने धीरे से कहा—

"लगता है कोई आया है..."

कुछ ही सेकंड बाद दरवाजे पर तेज दस्तक हुई—

धड़ाम! धड़ाम!

घर के अंदर सन्नाटा छा गया।

कैलाश उठे और दरवाजे की ओर बढ़े।

उन्होंने दरवाजा खोला।

सामने तीन-चार आदमी खड़े थे।

चेहरे पर सख्ती, आँखों में चेतावनी।

एक आदमी आगे बढ़ा—

"मास्टर जी, बहुत चर्चा हो रही है आपकी।"

कैलाश शांत रहे—

"कहिए, क्या बात है?"

वह आदमी बिना अनुमति अंदर आ गया।

बाकी लोग भी पीछे-पीछे आ गए।

आर्यन खड़ा हो गया।

आदमी ने कमरे में चारों तरफ नजर डाली,

फिर मेज पर रखी सूची की ओर इशारा किया—

"यही सब चल रहा है ना?"

कैलाश ने सीधे कहा—

"हाँ, यह लोगों की शिकायत है।"

आदमी हल्का सा मुस्कुराया—

"शिकायत... या परेशानी?"

फिर उसने जेब से एक लिफाफा निकाला और मेज पर रख दिया।

"मास्टर जी, समझदार आदमी हैं आप।

कभी-कभी कुछ बातों को यहीं खत्म कर देना ही अच्छा होता है।"

कमरे में भारी खामोशी छा गई।

आर्यन ने लिफाफे की ओर देखा—

उसमें क्या था, समझना मुश्किल नहीं था।

कैलाश ने धीरे से लिफाफा उठाया...

और बिना खोले वापस उस आदमी की ओर बढ़ा दिया।

"मेरी कीमत इतनी सस्ती नहीं है," उन्होंने शांत लेकिन ठोस आवाज में कहा।

आदमी के चेहरे की मुस्कान गायब हो गई।

"सोच लीजिए मास्टर जी," उसने धीमी लेकिन सख्त आवाज में कहा,

"जो लोग सिस्टम से टकराते हैं... उनका अंजाम अच्छा नहीं होता।"

कैलाश ने उसकी आँखों में देखते हुए जवाब दिया—

"और जो लोग लोगों का हक छीनते हैं... उनका अंजाम भी अच्छा नहीं होता।"

कुछ पल के लिए दोनों एक-दूसरे को देखते रहे।

फिर वह आदमी मुड़ा और बोला—

"ठीक है... आज समझाने आए थे।

अगली बार... शायद समझाने नहीं आएंगे।"

वे सभी बाहर निकल गए।

गाड़ी स्टार्ट हुई और अंधेरे में गायब हो गई।

कमरे में फिर सन्नाटा छा गया।

आर्यन ने गहरी सांस ली—

"मास्टर जी... अब मामला सच में गंभीर हो गया है।"

कैलाश ने खिड़की से बाहर अंधेरी सड़क की ओर देखा।

कुछ पल बाद उन्होंने कहा—

"जब सच की लड़ाई शुरू होती है...

तो डर की रात जरूर आती है।"

आर्यन ने पूछा—

"तो अब क्या करेंगे?"

कैलाश ने धीमे लेकिन दृढ़ स्वर में कहा—

"अब पीछे नहीं हटेंगे।"

उन्होंने मेज पर रखी सूची उठाई।

"अब यह सिर्फ कुछ लोगों की शिकायत नहीं है...

यह पूरे शहर की आवाज बनने वाली है।"

आर्यन की आँखों में चमक आ गई।

"तो हम क्या करें?"

कैलाश ने कहा—

"हम इसे लोगों तक पहुँचाएंगे।

हर उस व्यक्ति तक, जो चुप है... लेकिन परेशान है।"

आर्यन ने तुरंत मोबाइल उठाया।

"मैं अभी एक संदेश डालता हूँ—

अगर किसी का वोट उससे छीन लिया गया है, तो वह सामने आए।"

कैलाश ने सिर हिलाया।

"हाँ... अब आवाज फैलानी होगी।"

रात गहरी होती गई।

लेकिन उस रात सिर्फ अंधेरा नहीं था—

एक नई शुरुआत भी थी।

डर था...

लेकिन उससे बड़ा था—

सच के साथ खड़े होने का साहस।

* * * * *

अध्याय 7

जनता की आवाज़

अगली सुबह कैलाश जब अपने घर से बाहर निकले, तो उन्होंने एक अलग ही माहौल महसूस किया।

गली के बाहर कुछ लोग खड़े थे।

जैसे ही उन्होंने कैलाश को देखा, धीमी आवाज़ें तेज होने लगीं—

"यही हैं मास्टर जी..."

"इन्होंने ही आवाज उठाई है..."

कैलाश कुछ पल के लिए रुक गए।

उन्हें समझ नहीं आया कि यह सब अचानक कैसे बदल गया।

तभी भीड़ में से एक बुज़ुर्ग किसान आगे आए।

उन्होंने हाथ जोड़कर कहा—

"मास्टर जी, हमने आपका संदेश सुना।

अगर हमारे वोट की रक्षा के लिए कोई खड़ा हुआ है...

तो हम भी आपके साथ हैं।"

कैलाश कुछ क्षण के लिए मौन रह गए।

फिर धीरे से बोले—

"यह मेरी लड़ाई नहीं है... यह हम सबकी लड़ाई है।"

उसी समय आर्यन भी वहाँ पहुँच गया।

"मास्टर जी, रात के बाद से बहुत सारे लोग हमें संदेश भेज रहे हैं," उसने उत्साह से कहा।

"कई लोग सामने आने को तैयार हैं।"

भीड़ में खड़े एक युवक ने जोर से कहा—

"अगर हमारा वोट कोई और डाल सकता है...

तो फिर चुनाव का क्या मतलब है?"

भीड़ में हलचल बढ़ गई।

कुछ लोग गुस्से में थे,

कुछ लोग उलझन में,

लेकिन सभी के मन में एक ही सवाल था—

"अब क्या किया जाए?"

कैलाश ने हाथ उठाकर सबको शांत किया।

"गुस्से से नहीं... समझदारी से बदलाव आएगा," उन्होंने कहा।

भीड़ धीरे-धीरे शांत हो गई।

कैलाश ने आगे बढ़कर ऊँची आवाज़ में कहा—

"आज से हम एक अभियान शुरू करेंगे—

'मेरा वोट, मेरा अधिकार।'"

भीड़ में हल्की सरगर्मी फैल गई।

आर्यन ने तुरंत कहा—

"हम पोस्टर बनाएंगे, वीडियो बनाएंगे, और हर मोहल्ले में जाकर लोगों को बताएंगे कि उनका वोट कितना महत्वपूर्ण है।"

एक महिला आगे आई—

"हम भी साथ आएंगे।"

फिर एक छात्र बोला—

"हम कॉलेज में इस बारे में बात करेंगे।"

धीरे-धीरे कई आवाज़ें एक साथ उठने लगीं—

"हम भी साथ हैं!"

"हम भी बोलेंगे!"

कैलाश ने उस भीड़ को देखा।

अब यह सिर्फ लोग नहीं थे—

यह एक जागरूक समाज की शुरुआत थी।

उसी शाम शहर के मुख्य चौराहे पर एक छोटी सभा रखी गई।

कोई बड़ा मंच नहीं था,

कोई विशेष व्यवस्था नहीं थी—

बस लोग थे...

और उनकी आवाज़ थी।

करीब सौ से ज्यादा लोग वहाँ इकट्ठा हो गए।

आर्यन मोबाइल से सब रिकॉर्ड कर रहा था।

कैलाश आगे बढ़े और बोले—

"दोस्तों... लोकतंत्र सिर्फ नेताओं से नहीं चलता।

लोकतंत्र चलता है—जागरूक नागरिकों से।"

भीड़ पूरी शांति से सुन रही थी।

"अगर हम अपने अधिकारों के लिए खड़े नहीं होंगे...

तो कोई भी हमारी आवाज़ छीन सकता है।"

भीड़ में से आवाज आई—

"सही बात!"

कैलाश ने आगे कहा—

"हम यहाँ किसी के खिलाफ नहीं...

अपने अधिकार के लिए खड़े हैं।"

यह बात लोगों के दिल तक पहुँची।

सभा खत्म होने तक माहौल बदल चुका था।

जो लोग पहले संकोच में थे,

अब वे खुलकर बोलने लगे थे।

लेकिन शहर के एक कोने में,

एक अलग ही माहौल था।

एक बड़े बंगले के अंदर कुछ लोग बैठे थे।

टीवी पर वही सभा दिखाई जा रही थी।

एक आदमी ने कहा—

"साहब, मामला बढ़ रहा है।"

दूसरे ने जोड़ा—

"लोग खुलकर सामने आ रहे हैं।"

कमरे में बैठे व्यक्ति ने गहरी आवाज़ में कहा—

"एक मास्टर... पूरे शहर को जगा रहा है।"

कुछ पल की चुप्पी के बाद उसने धीरे से कहा—

"अगर अभी नहीं रोका...

तो यह आंदोलन बन जाएगा।"

उधर कैलाश अपने घर की छत पर खड़े आसमान देख रहे थे।

आर्यन ने पास आकर पूछा—

"मास्टर जी, आपको डर नहीं लगता?"

कैलाश ने हल्की मुस्कान के साथ कहा—

"डर तो लगता है...

लेकिन उससे बड़ा है—

सही के साथ खड़े होने का विश्वास।"

कुछ पल की चुप्पी के बाद उन्होंने कहा—

"और अब हम अकेले नहीं हैं।"

आर्यन ने नीचे सड़क की ओर देखा—

जहाँ कुछ लोग अब भी खड़े बात कर रहे थे।

वह समझ गया—

अब यह आवाज़ रुकने वाली नहीं है।

* * * * *

अध्याय 8

साज़िश की शुरुआत

पिछले कुछ दिनों में शहर का माहौल तेजी से बदल रहा था।

"मेरा वोट, मेरा अधिकार" अब सिर्फ एक नारा नहीं रहा था—

यह लोगों की आवाज़ बन चुका था।

गाँवों में, मोहल्लों में, चौराहों पर—

हर जगह लोग उसी मुद्दे पर चर्चा कर रहे थे।

किसी ने पोस्टर लगाए,

किसी ने वीडियो बनाए,

और कई लोग अब खुलकर अपने अनुभव साझा करने लगे।

आर्यन लगातार सोशल मीडिया पर सक्रिय था।

हर दिन नए संदेश, नए वीडियो सामने आ रहे थे—

"मेरा वोट भी दर्ज नहीं हुआ..."

"हमें भी वापस भेज दिया गया..."

आवाज़ धीरे-धीरे फैल रही थी।

लेकिन जहाँ एक तरफ यह आवाज़ मजबूत हो रही थी,

वहीं दूसरी तरफ कुछ लोग बेचैन हो उठे थे।

शहर के एक बड़े बंगले में उस रात एक बैठक चल रही थी।

कमरे में कुछ प्रभावशाली लोग बैठे थे।

उनमें से एक ने गुस्से में कहा—

"एक स्कूल का मास्टर... पूरे सिस्टम पर सवाल उठा रहा है!"

दूसरे ने धीमी आवाज में कहा—

"लोग उसकी बात सुन रहे हैं... और साथ भी आ रहे हैं।"

कमरे में कुछ पल के लिए चुप्पी छा गई।

फिर एक ठंडी आवाज गूंजी—

"सीधा टकराव अभी ठीक नहीं होगा..."

सबकी नजर उस व्यक्ति पर टिक गई।

वह आगे बोला—

"अगर उसे रोका नहीं जा सकता...

तो उसकी विश्वसनीयता कमजोर करो।"

"मतलब?" एक आदमी ने पूछा।

वह हल्का सा मुस्कुराया—

"लोगों के मन में शक पैदा करो।"

अगली सुबह शहर में एक नई चर्चा शुरू हो गई।

कुछ लोग आपस में फुसफुसा रहे थे—

"सुना है... मास्टर जी लोगों से पैसे ले रहे हैं..."

"आंदोलन के नाम पर..."

यह बात धीरे-धीरे फैलने लगी।

पहले चुपचाप,

फिर खुलकर।

जब कैलाश स्कूल पहुँचे, तो उन्होंने माहौल में बदलाव महसूस किया।

लोग पहले की तरह सहज नहीं थे।

कुछ लोग उन्हें देखकर नजरें फेर रहे थे,

तो कुछ आपस में बातें कर रहे थे।

तभी एक युवक उनके पास आया और धीरे से बोला—

"मास्टर जी... एक बात पूछूँ?"

"पूछो," कैलाश ने कहा।

युवक थोड़ा हिचकिचाया—

"क्या आपने... आंदोलन के नाम पर लोगों से पैसे लिए हैं?"

कैलाश एक पल के लिए चुप रह गए।

फिर उन्होंने शांत स्वर में कहा—

"नहीं।"

युवक ने सिर हिलाया, लेकिन उसके चेहरे पर पूरी तरह भरोसा नहीं था।

थोड़ी देर बाद आर्यन भागता हुआ आया।

"मास्टर जी... यह देखिए," उसने मोबाइल दिखाते हुए कहा।

सोशल मीडिया पर एक संदेश तेजी से फैल रहा था—

"मास्टर कैलाश आंदोलन के नाम पर पैसा इकट्ठा कर रहे हैं!"

आर्यन गुस्से में बोला—

"यह साफ साज़िश है!"

कैलाश ने मोबाइल को ध्यान से देखा।

फिर धीरे से कहा—

"हाँ... यह साज़िश ही है।"

कुछ लोग जो पहले उनके साथ खड़े थे,

अब थोड़ा पीछे हटने लगे थे।

भीड़ धीरे-धीरे कम होने लगी।

कैलाश ने यह सब महसूस किया—

लेकिन उनके चेहरे पर कोई घबराहट नहीं थी।

उन्होंने शांत स्वर में कहा—

"जब कोई सच के रास्ते पर चलता है...

तो सबसे पहले उसकी छवि पर हमला किया जाता है।"

आर्यन ने दृढ़ता से कहा—

"लेकिन हम सच साबित करेंगे।"

कैलाश ने सिर हिलाया—

"हाँ... और वह भी बिना गुस्से के।"

शाम को दोनों ने एक छोटी बैठक बुलाई।

कुछ लोग आए—कुछ नहीं आए।

जो आए थे, उनके चेहरों पर सवाल थे।

कैलाश उनके सामने खड़े हुए और बोले—

"आज शहर में जो बातें फैल रही हैं...

वह पूरी तरह गलत हैं।"

कमरे में सन्नाटा था।

उन्होंने आगे कहा—

"अगर किसी ने मुझसे या इस अभियान से जुड़े किसी व्यक्ति को एक रुपया भी दिया हो...

तो वह अभी सामने आ जाए।"

कुछ पल की खामोशी के बाद

एक बुज़ुर्ग खड़े हुए।

"मास्टर जी, हमने आपको कभी पैसे लेते नहीं देखा।

हम जानते हैं कि यह किसी की चाल है।"

धीरे-धीरे और लोग भी सहमति में सिर हिलाने लगे।

आर्यन ने कहा—

"हम सिर्फ सफाई नहीं देंगे...

हम सच सबके सामने लाएँगे।"

उसने मोबाइल उठाया—

"हमारे पास हर बैठक और हर काम का रिकॉर्ड है।

हम सब सार्वजनिक करेंगे।"

कैलाश ने जोड़ा—

"और कल... हम खुले में सभा करेंगे।

जहाँ हर कोई सवाल पूछ सकता है।"

रात गहराने लगी थी।

लेकिन अब यह साफ था—

यह लड़ाई सिर्फ वोट की नहीं रही...

यह लड़ाई बन चुकी थी—

सच और झूठ के बीच।

उधर उसी रात

शहर के एक कोने में

वही बैठक फिर शुरू हुई।

एक आदमी ने कहा—

"साहब, लोग अब भी उसके साथ खड़े हैं।"

ठंडी आवाज आई—

"तो अब अगला कदम उठाना होगा..."

कमरे में सन्नाटा छा गया।

फिर धीरे से कहा गया—

"अब डर दिखाना पड़ेगा।"

* * * * *

अध्याय 9

सच की तलाश

अफवाह फैलने के बाद शहर का माहौल बदल गया था।

जो लोग कल तक खुले तौर पर कैलाश के साथ खड़े थे,

उनमें से कुछ अब चुप हो गए थे।

चाय की दुकानों पर, गलियों में, स्कूल के बाहर—

धीमी आवाज़ों में वही सवाल घूम रहा था—

"कहीं यह बात सच तो नहीं?"

आर्यन यह सब सुनकर बेचैन हो उठता था।

"मास्टर जी, यह सब झूठ है! हमें तुरंत इसका जवाब देना चाहिए,"

उसने गुस्से में कहा।

लेकिन कैलाश शांत थे।

उन्होंने धीरे से कहा—

"झूठ का जवाब गुस्से से नहीं... सबूत से दिया जाता है।"

उस शाम कैलाश ने एक छोटी बैठक बुलाई।

कमरे में करीब बीस लोग बैठे थे—

वही लोग, जो अब भी उनके साथ खड़े थे।

कुछ के चेहरों पर भरोसा था,

तो कुछ के मन में हल्का संदेह भी।

कैलाश ने सबकी ओर देखा और बोले—

"आज मैं सफाई देने नहीं...

सच बताने आया हूँ।"

कमरे में सन्नाटा छा गया।

उन्होंने आगे कहा—

"शहर में जो बातें फैलाई जा रही हैं, वह पूरी तरह गलत हैं।

अगर किसी ने मुझसे या इस अभियान से जुड़े किसी व्यक्ति को एक रुपया भी दिया हो...

तो वह अभी सामने आ जाए।"

कुछ पल तक कोई कुछ नहीं बोला।

फिर एक बुजुर्ग धीरे-धीरे खड़े हुए।

"मास्टर जी, हमने आपको कभी पैसे लेते नहीं देखा।

हम जानते हैं कि यह किसी की चाल है।"

उनकी बात सुनकर कई लोग सहमति में सिर हिलाने लगे।

कमरे का माहौल थोड़ा हल्का हुआ।

आर्यन ने आगे बढ़कर कहा—

"हम सिर्फ बातों से नहीं...

सबूत से जवाब देंगे।"

उसने अपना मोबाइल निकाला।

"हमारे पास हर मीटिंग, हर अभियान और हर बातचीत का रिकॉर्ड है।

हम सब लोगों के सामने रखेंगे।"

कैलाश ने भी एक कदम आगे बढ़ाया—

"कल हम शहर के मुख्य चौराहे पर एक खुली सभा करेंगे।

जहाँ हर व्यक्ति सवाल पूछ सकता है।"

अगले दिन चौराहे पर भीड़ जमा होने लगी।

लोग उत्सुक थे—

क्या सच सामने आएगा?

कुछ लोग समर्थन में थे,

तो कुछ देखने आए थे कि आखिर सच्चाई क्या है।

आर्यन ने एक बड़ा स्क्रीन लगाया।

वीडियो चलने लगे—

बैठकें, बातचीत, लोगों की गवाही...

हर दृश्य एक ही बात कह रहा था—

यह आंदोलन लोगों की आवाज़ है,

कोई निजी स्वार्थ नहीं।

फिर कैलाश मंच पर आए।

उन्होंने माइक पकड़ा और कहा—

"दोस्तों...

मैं यहाँ अपनी सफाई देने नहीं आया हूँ।

मैं यहाँ सच बताने आया हूँ।"

भीड़ पूरी तरह शांत हो गई।

उन्होंने जेब से एक कागज़ निकाला।

"यह हमारे अभियान का पूरा विवरण है—

किस दिन क्या हुआ, किससे मिले, क्या बात हुई।"

फिर उन्होंने आगे कहा—

"और यह रहा हमारा बैंक रिकॉर्ड—

जिसमें एक भी रुपया जनता से नहीं लिया गया।"

भीड़ में हलचल हुई।

लोग आपस में बात करने लगे।

धीरे-धीरे माहौल बदलने लगा।

भीड़ में से एक युवक जोर से बोला—

"यह सब झूठ फैलाया गया था!"

दूसरी आवाज आई—

"यह साज़िश है!"

कुछ ही देर में वही भीड़, जो शक में थी,

अब समर्थन में बदल गई।

नारे लगने लगे—

"मेरा वोट, मेरा अधिकार!"

आर्यन ने मुस्कुराते हुए कैलाश की ओर देखा—

"सच जीत गया, मास्टर जी।"

कैलाश ने धीरे से कहा—

"सच कभी हारता नहीं...

बस कभी-कभी उसे समय लगता है।"

उधर शहर के एक कोने में

वही खबर फिर पहुँच चुकी थी।

एक आदमी ने घबराकर कहा—

"साहब, लोग फिर उसके साथ खड़े हो गए हैं।"

कुछ पल की चुप्पी के बाद

एक ठंडी आवाज गूंजी—

"अगर बदनामी से काम नहीं चला..."

फिर धीमे लेकिन खतरनाक स्वर में कहा गया—

"तो अब डर दिखाना पड़ेगा।"

रात धीरे-धीरे गहराने लगी।

लेकिन इस बार माहौल अलग था।

अब लोगों के मन में डर कम था...

और विश्वास ज्यादा।

कैलाश अपने घर लौटे।

उन्होंने आसमान की ओर देखा।

आज पहली बार उन्हें लगा—

यह लड़ाई सही दिशा में बढ़ रही है।

लेकिन उन्हें यह नहीं पता था—

कि आगे का रास्ता और कठिन होने वाला है...

* * * * *

अध्याय 10

हमला

उस रात हवा में एक अजीब-सी बेचैनी थी।

शहर की सड़कों पर सन्नाटा था,

लेकिन कैलाश के घर के भीतर हलचल थी।

मेज पर कागज़ फैले हुए थे—

सूची, बयान, नोट्स...

आर्यन अगली सभा की योजना बना रहा था।

"मास्टर जी, अब हमें यह मुद्दा जिले से बाहर भी ले जाना चाहिए,"

उसने कहा।

कैलाश ने धीरे से सिर हिलाया—

"हाँ... लेकिन पहले हमें यहाँ की सच्चाई पूरी तरह सामने लानी होगी।"

तभी अचानक बाहर कुछ आवाज़ें सुनाई दीं।

जैसे कोई तेज़ी से कदमों से आ रहा हो।

आर्यन ने ध्यान से सुना—

"कोई बाहर है..."

अचानक दरवाज़े पर जोरदार दस्तक हुई—

धड़ाम! धड़ाम!

कमरे में तनाव फैल गया।

कैलाश दरवाज़े की ओर बढ़े।

उन्होंने दरवाज़ा खोला।

दरवाज़ा खुलते ही चार-पाँच आदमी अंदर घुस आए।

उनके चेहरे कपड़े से ढके हुए थे।

एक आदमी ने ऊँची आवाज़ में कहा—

"बहुत आवाज़ उठा रहे हो, मास्टर!"

आर्यन तुरंत खड़ा हो गया—

"कौन हो तुम लोग?"

दूसरा आदमी आगे बढ़ा और मेज पर रखे कागज़ नीचे फेंक दिए।

"यह सब बंद करो...

वरना अंजाम अच्छा नहीं होगा।"

कमरे का माहौल भारी हो गया।

कैलाश ने खुद को संभालते हुए शांत स्वर में कहा—

"हम किसी के खिलाफ नहीं...

सिर्फ सच के साथ खड़े हैं।"

यह सुनते ही एक आदमी गुस्से में बोला—

"बहुत बड़ी बातें कर रहे हो!"

उसने पास रखी कुर्सी को जोर से धक्का दिया।

कुर्सी गिरते ही कमरे में अफरा-तफरी मच गई।

आर्यन ने तुरंत मोबाइल निकाला और रिकॉर्डिंग शुरू कर दी।

एक हमलावर ने उसे देख लिया—

"मोबाइल बंद करो!"

वह उसकी ओर बढ़ा,

लेकिन तब तक वीडियो रिकॉर्ड हो चुका था।

कैलाश अब भी शांत खड़े थे।

उन्होंने धीरे लेकिन दृढ़ आवाज़ में कहा—

"डर दिखाकर सच को रोका नहीं जा सकता।"

कुछ पल के लिए हमलावर ठिठक गए।

फिर उनमें से एक बोला—

“आज तो सिर्फ समझाने आए हैं...

अगली बार... समझाने नहीं आएंगे।”

वे सब तेजी से बाहर निकल गए।

कुछ ही सेकंड में गाड़ी स्टार्ट हुई और दूर चली गई।

कमरे में सन्नाटा छा गया।

फर्श पर बिखरे कागज़,

गिरी हुई कुर्सी,

और भारी हवा—

सब कुछ इस बात का गवाह था कि

अब यह लड़ाई आसान नहीं रहने वाली।

आर्यन ने गहरी सांस ली—

“मास्टर जी... यह लोग सच में नुकसान पहुँचा सकते हैं।”

कैलाश ने नीचे झुककर कागज़ उठाने शुरू किए।

“जब सच को दबाने की कोशिश होती है...

तो यही होता है," उन्होंने शांत स्वर में कहा।

आर्यन ने मोबाइल दिखाया—

"हमारे पास उनका वीडियो है।

हम इसे पुलिस और मीडिया तक पहुँचाएंगे।"

कैलाश ने सिर हिलाया—

"हाँ... अब यह मामला सिर्फ हमारा नहीं रहा।"

अगली सुबह खबर पूरे शहर में फैल चुकी थी—

"मास्टर कैलाश के घर हमला!"

लोगों में गुस्सा था।

कई लोग उनके घर के बाहर जमा हो गए।

एक बुजुर्ग किसान ने कहा—

"अगर सच बोलने वालों पर हमला होगा...

तो हम चुप नहीं बैठेंगे।"

आर्यन ने भीड़ की ओर देखा और कहा—

"अब यह सिर्फ एक व्यक्ति की लड़ाई नहीं है...

यह हर उस व्यक्ति की लड़ाई है, जिसकी आवाज़ दबाई जाती है।"

भीड़ से एक साथ आवाज उठी—

"हम साथ हैं!"

कैलाश बाहर आए।

उन्होंने भीड़ को शांत रहने का इशारा किया।

"हम कानून के रास्ते पर चलेंगे," उन्होंने कहा।

भीड़ धीरे-धीरे शांत हो गई।

उधर शहर के एक कोने में

यह खबर फिर पहुँच चुकी थी।

एक आदमी ने घबराकर कहा—

"साहब... लोग और भड़क गए हैं।"

कुछ पल की चुप्पी के बाद

एक ठंडी आवाज आई—

"अब मामला हाथ से निकल रहा है..."

लेकिन कैलाश को अब यह साफ समझ आ गया था—

जब सच की आवाज़ मजबूत होती है...

तो उसे दबाने की कोशिश भी उतनी ही तेज़ होती है।

उन्होंने आसमान की ओर देखा।

उनकी आँखों में डर नहीं था—

बस एक संकल्प था।

अब यह लड़ाई रुकने वाली नहीं थी।

* * * * *

अध्याय 11

आंदोलन की आग

हमले की घटना के बाद शहर का माहौल पूरी तरह बदल गया था।

सुबह होते-होते कैलाश के घर के बाहर लोगों की भीड़ जमा होने लगी।

किसान, छात्र, दुकानदार, महिलाएँ—

हर वर्ग के लोग वहाँ खड़े थे।

किसी के चेहरे पर गुस्सा था,

तो किसी के चेहरे पर चिंता।

लेकिन सबके मन में एक ही भावना थी—

अब चुप नहीं रहना है।

आर्यन ने भीड़ को देखते हुए कहा—

"मास्टर जी... लोग खुद आ रहे हैं।"

कैलाश कुछ पल के लिए उस भीड़ को देखते रहे।

उन्हें एहसास हो गया था—

यह अब सिर्फ उनका मामला नहीं रहा।

भीड़ में से एक युवक आगे आया—

"अगर सच बोलने वालों पर हमला होगा...

तो हम सब खड़े होंगे!"

एक महिला ने भी आवाज उठाई—

"हमारे वोट का सवाल है... हम पीछे नहीं हटेंगे!"

भीड़ से समर्थन की आवाजें आने लगीं—

"हम साथ हैं!"

"हम लड़ेंगे!"

कैलाश ने हाथ उठाकर सबको शांत किया।

"गुस्से से नहीं... समझदारी से लड़ना है,"

उन्होंने कहा।

भीड़ धीरे-धीरे शांत हो गई।

आर्यन ने सुझाव दिया—

"हमें इस मुद्दे को खुले तौर पर उठाना चाहिए...

एक शांतिपूर्ण जुलूस निकालते हैं।"

कुछ लोग उत्साहित हो गए—

"हाँ! यह सही रहेगा!"

कैलाश ने थोड़ी देर सोचा, फिर बोले—

"अगर जुलूस निकलेगा...

तो वह पूरी तरह शांतिपूर्ण होगा।"

कुछ ही देर में लोग तैयार होने लगे।

किसी ने पोस्टर बनाए—

"मेरा वोट, मेरा अधिकार"

किसी ने नारे लिखे—

"वोट की चोरी बंद करो"

धीरे-धीरे यह भीड़ एक जुलूस में बदल गई।

लोग शहर के मुख्य चौराहे की ओर बढ़ने लगे।

कैलाश सबसे आगे थे,

और उनके साथ सैकड़ों लोग।

जुलूस जब बाजार से गुज़रा,

तो दुकानों के बाहर खड़े लोग यह दृश्य देखकर हैरान रह गए।

"इतनी बड़ी भीड़...?"

"क्या हो रहा है?"

धीरे-धीरे और लोग भी इस जुलूस में शामिल होने लगे।

आर्यन बीच-बीच में लोगों से बात कर रहा था और वीडियो बना रहा था।

"यह आंदोलन किसी व्यक्ति का नहीं...

हर वोटर का है," वह कह रहा था।

कुछ ही देर में प्रशासन तक खबर पहुँच गई।

पुलिस मौके पर आ गई।

एक अधिकारी आगे बढ़ा और बोला—

"कृपया भीड़ को नियंत्रित रखें...

स्थिति बिगड़ सकती है।"

कैलाश ने माइक लिया और ऊँची आवाज़ में कहा—

"दोस्तों!

हम यहाँ किसी से टकराने नहीं आए हैं...

हम अपने अधिकार की बात करने आए हैं।"

भीड़ तुरंत शांत हो गई।

यह देखकर पुलिस अधिकारी भी आश्चर्यचकित रह गया।

चौराहे पर पहुँचकर जुलूस रुक गया।

अब वहाँ सैकड़ों लोग खड़े थे।

कैलाश आगे बढ़े और बोले—

"आज यह भीड़ किसी नेता की नहीं...

जनता की आवाज़ है।"

तालियों की गूंज फैल गई।

"अगर हम अपने वोट की रक्षा नहीं करेंगे...

तो कोई भी हमारी आवाज़ छीन सकता है।"

भीड़ से एक साथ आवाज उठी—

"नहीं होने देंगे!"

"हम शांतिपूर्ण तरीके से...

अपने अधिकार के लिए खड़े हैं,"

कैलाश ने कहा।

उधर शहर के एक कोने में

वही दृश्य टीवी पर दिखाया जा रहा था।

एक आदमी ने घबराकर कहा—

"साहब... यह आंदोलन बड़ा होता जा रहा है।"

दूसरे ने जोड़ा—

"लोग अब डर नहीं रहे..."

कमरे में बैठे व्यक्ति ने गुस्से में मेज पर हाथ मारा—

"एक मास्टर... पूरे सिस्टम को चुनौती दे रहा है!"

कुछ पल की चुप्पी के बाद उसने धीमी आवाज में कहा—

"अब आखिरी कदम उठाना होगा..."

उधर चौराहे पर माहौल और गर्म हो रहा था—

लेकिन अनुशासन के साथ।

तभी दूर से पुलिस की कई गाड़ियाँ आती दिखाई दीं।

आर्यन ने चिंता से कहा—

"मास्टर जी... लगता है कुछ होने वाला है।"

कैलाश ने शांत स्वर में कहा—

"जब आवाज बुलंद होती है...

तो उसे रोकने की कोशिश जरूर होती है।"

उन्होंने भीड़ की ओर देखा—

अब यह सिर्फ भीड़ नहीं थी...

यह जागरूकता की आग थी।

और यह आग अब बुझने वाली नहीं थी।

* * * * *

अध्याय 12

गिरफ्तारी

चौराहे पर सैकड़ों लोग खड़े थे।

हर तरफ एक ही नारा गूंज रहा था—

"मेरा वोट, मेरा अधिकार!"

कैलाश मंच पर खड़े थे और लोगों को शांत रहने की अपील कर रहे थे।

लेकिन तभी माहौल बदलने लगा।

दूर से पुलिस की गाड़ियों की आवाज़ पास आती गई...

और कुछ ही मिनटों में पूरा चौराहा पुलिस से घिर गया।

एक वरिष्ठ पुलिस अधिकारी आगे बढ़ा।

उसने माइक लिया और ऊँची आवाज़ में कहा—

"सभी लोग ध्यान दें...

यह सभा बिना अनुमति के आयोजित की गई है।

कृपया तुरंत यहाँ से हट जाएँ।"

भीड़ में हलचल मच गई।

लोग एक-दूसरे की ओर देखने लगे।

आर्यन ने धीरे से कहा—

"मास्टर जी... यह सब पहले से तय लगता है।"

कैलाश ने शांत स्वर में कहा—

"शांत रहो... अभी हमें संयम रखना है।"

पुलिस अधिकारी ने फिर चेतावनी दी—

"अगर आप लोग नहीं हटे...

तो हमें सख्ती करनी पड़ेगी।"

भीड़ में गुस्सा बढ़ने लगा।

कुछ लोग आगे बढ़ने लगे,

कुछ नारे तेज करने लगे।

कैलाश ने तुरंत माइक उठाया—

"दोस्तों!

कोई भी हंगामा नहीं करेगा!"

उनकी आवाज पूरे चौराहे में गूंज गई।

भीड़ धीरे-धीरे शांत होने लगी।

"हम यहाँ लड़ाई करने नहीं आए हैं...

हम अपने अधिकार की बात करने आए हैं,"

कैलाश ने कहा।

तभी पुलिस अधिकारी उनके पास आया।

उसने एक कागज़ दिखाते हुए कहा—

"कैलाश जी, आपको कानून व्यवस्था भंग करने और लोगों को भड़काने के आरोप में हिरासत में लिया जाता है।"

यह सुनते ही भीड़ में गुस्सा फैल गया।

"यह अन्याय है!"

"उन्हें छोड़ो!"

आवाज़ें चारों तरफ से उठने लगीं।

आर्यन ने तुरंत मोबाइल निकालकर रिकॉर्डिंग शुरू कर दी।

उसकी आँखों में गुस्सा भी था और चिंता भी।

कैलाश ने हाथ उठाकर भीड़ को शांत किया।

"कोई विरोध नहीं करेगा," उन्होंने दृढ़ आवाज़ में कहा।

भीड़ धीरे-धीरे रुक गई।

फिर उन्होंने पुलिस अधिकारी की ओर देखा और शांत स्वर में कहा—

"अगर सच बोलना अपराध है...

तो मुझे यह अपराध स्वीकार है।"

कुछ पल के लिए पूरा माहौल शांत हो गया।

पुलिस ने उन्हें हिरासत में ले लिया।

दो सिपाही उन्हें गाड़ी की ओर ले जाने लगे।

भीड़ भावुक हो गई।

एक बुज़ुर्ग किसान जोर से बोला—

"मास्टर जी! हम आपके साथ हैं!"

कैलाश ने मुड़कर भीड़ की ओर देखा।

उनके चेहरे पर हल्की मुस्कान थी।

उन्होंने कहा—

"साथ तब देना...

जब अपने वोट की रक्षा करोगे।"

पुलिस की गाड़ी धीरे-धीरे आगे बढ़ने लगी।

भीड़ उनके पीछे-पीछे चलने लगी।

आर्यन वहीं खड़ा रहा,

उसकी आँखों में आँसू थे...

लेकिन उसके चेहरे पर एक दृढ़ता भी थी।

उसने कैमरे की ओर देखते हुए कहा—

"आज एक आदमी को गिरफ्तार किया गया है...

लेकिन उसकी आवाज़ को नहीं।"

उसने वीडियो तुरंत सोशल मीडिया पर डाल दिया।

कुछ ही घंटों में यह खबर पूरे जिले में फैल गई—

"एक शिक्षक को सच बोलने के लिए गिरफ्तार किया गया!"

लोगों में गुस्सा और समर्थन दोनों बढ़ने लगे।

कई जगह लोग इस घटना पर चर्चा करने लगे।

उधर शहर के एक कोने में

यह खबर पहुँच चुकी थी।

एक आदमी ने राहत की सांस लेते हुए कहा—

"साहब... अब मामला खत्म हो जाएगा।"

लेकिन सामने बैठे व्यक्ति ने धीरे से सिर हिलाया—

"नहीं..."

फिर उसने ठंडी आवाज़ में कहा—

"कभी-कभी एक गिरफ्तारी...

आंदोलन को खत्म नहीं करती...

उसे और बड़ा बना देती है।"

रात गहरी होती गई।

लेकिन उस रात शहर में एक नई आग जल चुकी थी—

न्याय की आग।

* * * * *

अध्याय 13

जेल की दीवारों के बीच

जिला जेल का भारी लोहे का दरवाज़ा बंद हुआ—

ठक!

उस आवाज़ ने जैसे एक नई वास्तविकता का दरवाज़ा खोल दिया।

कैलाश अब जेल के भीतर थे।

ऊँची दीवारें, लोहे की सलाखें और हर तरफ सन्नाटा—

यह दुनिया बाहर की दुनिया से बिल्कुल अलग थी।

एक सिपाही उन्हें एक छोटे से कमरे तक लेकर गया।

"यही आपकी बैरक है," उसने कहा।

कमरे में एक पतली चटाई और एक कोना था,

जहाँ एक घड़ा रखा था।

सिपाही चला गया।

कैलाश चुपचाप बैठ गए।

कुछ पल तक उन्होंने चारों ओर देखा।

फिर धीरे-धीरे आँखें बंद कर लीं।

उनके मन में कोई डर नहीं था...

लेकिन एक गहरी जिम्मेदारी जरूर थी।

पास की बैरक से एक आवाज आई—

"आप वही मास्टर हैं ना...

जिनकी वजह से शहर में इतना हंगामा हो रहा है?"

कैलाश ने सिर उठाया।

वहाँ एक अधेड़ उम्र का आदमी खड़ा था।

चेहरे पर थकान थी,

लेकिन आँखों में जिज्ञासा।

"हाँ," कैलाश ने शांत स्वर में कहा।

वह मुस्कुराया—

"नाम रामू है... यहाँ सब 'रामू काका' कहते हैं।"

रामू काका पास आकर बोले—

"साहब, आप जैसे लोग बहुत कम होते हैं।

ज्यादातर लोग डर जाते हैं।"

कैलाश ने हल्की मुस्कान के साथ कहा—

"अगर डर जाएँ... तो बदलाव कैसे होगा?"

रामू काका कुछ पल चुप रहे,

फिर बोले—

"लेकिन यहाँ आकर लोग टूट जाते हैं..."

कैलाश ने धीरे से जवाब दिया—

"मैं यहाँ टूटने नहीं... समझने आया हूँ।"

रात धीरे-धीरे गहराने लगी।

जेल के अंदर अजीब-सी खामोशी थी।

कभी-कभी दूर से चाबियों की आवाज़ आती,

तो कभी किसी के कदमों की आहट।

कैलाश चटाई पर लेटे हुए छत को देख रहे थे।

उनके मन में वही सवाल घूम रहा था—

"क्या यह लड़ाई सही दिशा में जा रही है?"

तभी उन्हें दिन का वह दृश्य याद आया—

भीड़, नारे, लोगों का समर्थन...

और फिर अपनी गिरफ्तारी।

उन्होंने खुद से कहा—

"अगर सच के लिए खड़े होने की कीमत यही है...

तो यह कीमत छोटी है।"

उधर जेल के बाहर हालात बिल्कुल अलग थे।

आर्यन लगातार सक्रिय था।

उसने कैलाश की गिरफ्तारी का वीडियो हर जगह साझा कर दिया था।

सोशल मीडिया पर एक ही मांग उठ रही थी—

"मास्टर कैलाश को रिहा करो!"

अगले दिन शहर में फिर भीड़ जमा होने लगी।

इस बार लोग और ज्यादा संख्या में आए थे।

कुछ लोग पोस्टर लेकर आए—

"सच बोलना अपराध नहीं है"

कुछ लोग नारे लगा रहे थे—

"न्याय चाहिए!"

एक छात्र नेता ने माइक लेकर कहा—

"अगर एक शिक्षक को सच बोलने के लिए जेल भेजा जा सकता है...

तो हम में से कोई भी सुरक्षित नहीं है!"

भीड़ से जोरदार आवाज आई—

"रिहाई! रिहाई!"

उधर जेल के अंदर कैलाश को यह सब पता नहीं था।

लेकिन उन्हें एक अजीब-सा विश्वास महसूस हो रहा था—

कि उनकी आवाज बाहर तक पहुँच चुकी है।

रामू काका ने पास आकर पूछा—

"साहब, बाहर क्या हो रहा होगा?"

कैलाश ने शांत स्वर में कहा—

"लोग जाग रहे होंगे..."

रामू काका ने हल्की मुस्कान के साथ कहा—

"तो फिर... आप यहाँ अकेले नहीं हैं।"

कैलाश ने पहली बार उस जेल की दीवारों के बीच

एक सुकून महसूस किया।

उन्होंने धीरे से कहा—

"सच की आवाज़...

दीवारों में बंद नहीं होती।"

रात बीत गई।

लेकिन एक नई सुबह अब सिर्फ जेल के अंदर नहीं...

शहर के बाहर भी होने वाली थी।

* * * * *

अध्याय 14

जनता का तूफ़ान

कैलाश की गिरफ्तारी के अगले ही दिन शहर का माहौल पूरी तरह बदल गया।

जो आवाज़ अब तक धीरे-धीरे उठ रही थी,

वह अब एक तूफ़ान बन चुकी थी।

सुबह होते ही शहर के मुख्य चौराहे पर लोगों की भीड़ जमा होने लगी।

इस बार भीड़ पहले से कहीं ज्यादा थी।

किसान, छात्र, महिलाएँ, बुजुर्ग—

हर वर्ग के लोग एक ही मांग लेकर आए थे—

"मास्टर कैलाश को रिहा करो!"

आर्यन भीड़ के बीच खड़ा था।

उसके हाथ में माइक था और आँखों में दृढ़ता।

"दोस्तों!" उसने ऊँची आवाज़ में कहा,

"यह लड़ाई सिर्फ एक व्यक्ति की नहीं है...

यह लड़ाई है—हमारे अधिकार की!"

भीड़ से जोरदार आवाज उठी—

"सही बात!"

किसी ने पोस्टर उठाया—

"सच को कैद नहीं किया जा सकता"

तो किसी ने नारा लगाया—

"वोट की चोरी बंद करो!"

धीरे-धीरे यह भीड़ एक विशाल प्रदर्शन में बदल गई।

लोग शांतिपूर्ण तरीके से आगे बढ़ने लगे—

लेकिन उनकी आवाज़ पहले से कहीं ज्यादा मजबूत थी।

शहर के अलग-अलग हिस्सों से भी लोग जुड़ने लगे।

जो लोग पहले चुप थे,

अब वे भी खुलकर सामने आ रहे थे।

एक बुज़ुर्ग महिला ने कैमरे के सामने कहा—

"अगर हमारे वोट की रक्षा करने वाला जेल में है...

तो हम चुप नहीं बैठेंगे।"

एक छात्र बोला—

"यह सिर्फ एक केस नहीं...

यह हमारी आने वाली पीढ़ियों का सवाल है।"

आर्यन ने यह सब रिकॉर्ड किया और तुरंत सोशल मीडिया पर साझा किया।

कुछ ही घंटों में यह खबर जिले से बाहर भी फैलने लगी।

अब यह मामला सिर्फ एक शहर तक सीमित नहीं रहा था।

उधर प्रशासन भी अब सतर्क हो चुका था।

जिला कलेक्टर कार्यालय में एक आपात बैठक बुलाई गई।

एक अधिकारी ने कहा—

"स्थिति नियंत्रण से बाहर जा सकती है।"

दूसरे ने जोड़ा—

"लोगों का गुस्सा बढ़ता जा रहा है।"

कलेक्टर खन्ना कुछ देर चुप रहे।

फिर उन्होंने गंभीर स्वर में कहा—

"हमें स्थिति को समझदारी से संभालना होगा...

यह मामला अब संवेदनशील हो चुका है।"

उधर उसी समय

शहर के दूसरे कोने में

कुछ लोग इस पूरे घटनाक्रम पर नजर रखे हुए थे।

एक आदमी ने चिंतित होकर कहा—

"साहब... मामला बहुत बड़ा हो गया है।"

कुछ पल की चुप्पी के बाद

एक ठंडी आवाज आई—

"एक मास्टर... अब समस्या बन चुका है।"

लेकिन इस बार माहौल पहले जैसा नहीं था।

अब सिर्फ डर नहीं था—

बल्कि जागरूकता भी थी।

शाम होते-होते शहर का मुख्य चौराहा

एक विशाल सभा में बदल गया।

हजारों लोग वहाँ मौजूद थे।

आर्यन मंच पर खड़ा था।

उसने माइक उठाया और कहा—

"आज अगर हम चुप रहे...

तो कल हमारी आवाज़ भी छीन ली जाएगी।"

भीड़ से जोरदार नारे उठे—

"नहीं होने देंगे!"

"हम शांतिपूर्ण हैं...

लेकिन कमजोर नहीं,"

आर्यन ने कहा।

भीड़ में एक ऊर्जा थी—

एक विश्वास था—

कि अब बदलाव संभव है।

उधर जेल के अंदर

कैलाश को अब भी बाहर की पूरी स्थिति का पता नहीं था।

लेकिन उन्हें महसूस हो रहा था—

कुछ बदल रहा है।

रामू काका ने पूछा—

"साहब, बाहर लोग क्या कर रहे होंगे?"

कैलाश ने हल्की मुस्कान के साथ कहा—

"शायद... अब लोग चुप नहीं हैं।"

रात धीरे-धीरे गहराने लगी।

लेकिन शहर में एक नई रोशनी फैल चुकी थी—

जनता की आवाज़ की रोशनी।

अब यह साफ था—

यह आंदोलन रुकने वाला नहीं था।

* * * * *

अध्याय 15

रिहाई

जेल के बाहर माहौल पहले से कहीं ज्यादा गंभीर था।

तीन दिन बीत चुके थे...

और हर दिन भीड़ बढ़ती जा रही थी।

लोग अब सिर्फ मांग नहीं कर रहे थे—

वे अपने अधिकार के लिए डटे हुए थे।

जिला प्रशासन पर दबाव बढ़ने लगा था।

कलेक्टर कार्यालय में लगातार बैठकें हो रही थीं।

एक अधिकारी ने कहा—

"अगर स्थिति को जल्द नियंत्रित नहीं किया गया...

तो यह पूरे जिले में फैल सकता है।"

कलेक्टर खन्ना कुछ देर तक चुप रहे।

फिर उन्होंने धीरे से कहा—

"हमें कानून के दायरे में रहकर समाधान निकालना होगा।"

उधर शहर में

आर्यन लगातार लोगों को शांत और एकजुट बनाए हुए था।

"कोई हिंसा नहीं होगी," वह बार-बार कहता।

"हम अपनी बात शांति से रखेंगे।"

भीड़ में से आवाजें आतीं—

"रिहाई चाहिए!"

"न्याय चाहिए!"

लेकिन अब इन आवाजों में सिर्फ गुस्सा नहीं था—

एक दृढ़ता भी थी।

तीसरे दिन दोपहर को

अचानक खबर आई—

"कैलाश को रिहा किया जाएगा।"

भीड़ में एक हलचल दौड़ गई।

लोगों के चेहरे पर उम्मीद की चमक आ गई।

कुछ ही देर बाद

जेल का बड़ा दरवाज़ा खुला।

भीड़ सांस रोककर खड़ी थी।

और फिर...

कैलाश बाहर आए।

उनके चेहरे पर थकान थी,

लेकिन आँखों में वही दृढ़ता थी।

भीड़ में खुशी की लहर दौड़ गई।

"मास्टर जी ज़िंदाबाद!"

"सच की जीत!"

नारे गूंज उठे।

आर्यन दौड़कर उनके पास पहुँचा।

"मास्टर जी!"

उसकी आवाज़ में भावनाएँ साफ झलक रही थीं।

कैलाश ने हल्की मुस्कान के साथ कहा—

"कैसे हो?"

आर्यन ने कहा—

"हम सब आपके साथ हैं... आपने हमें अकेला नहीं छोड़ा।"

कैलाश ने भीड़ की ओर देखा।

उनकी आँखों में कृतज्ञता थी।

उन्होंने हाथ उठाकर सबको शांत किया।

भीड़ धीरे-धीरे शांत हो गई।

कैलाश ने ऊँची आवाज़ में कहा—

“यह मेरी जीत नहीं है...

यह आप सबकी आवाज़ की जीत है।”

भीड़ से जोरदार तालियाँ गूंज उठीं।

“लेकिन याद रखिए...”

उन्होंने आगे कहा,

“यह लड़ाई अभी खत्म नहीं हुई है।”

भीड़ फिर शांत हो गई।

“हमें सिर्फ आवाज़ नहीं उठानी है...

हमें सच को साबित भी करना है,”

कैलाश बोले।

आर्यन ने उत्साह से कहा—

"तो अब अगला कदम क्या होगा?"

कैलाश ने दृढ़ स्वर में कहा—

"अब हम कानूनी रास्ता अपनाएँगे।"

भीड़ में हलचल हुई—

"कानूनी लड़ाई?"

कैलाश ने सिर हिलाया—

"हाँ... हम अदालत में जाएंगे।

और यह साबित करेंगे कि लोगों के वोट उनके अधिकार हैं...

जिन्हें कोई छीन नहीं सकता।"

भीड़ में एक नई ऊर्जा दौड़ गई।

एक युवक बोला—

"हम आपके साथ हैं!"

एक महिला ने कहा—

"हम गवाही देंगे!"

कैलाश ने सबको देखा—

अब यह सिर्फ समर्थन नहीं था...

यह एक संगठित शक्ति थी।

उधर शहर के एक कोने में

यह खबर भी पहुँच चुकी थी।

एक आदमी ने धीमी आवाज़ में कहा—

"साहब... उसे छोड़ दिया गया है।"

कुछ पल की चुप्पी के बाद

एक ठंडी आवाज आई—

"खेल अभी खत्म नहीं हुआ है..."

लेकिन इस बार स्थिति बदल चुकी थी।

अब सिर्फ एक व्यक्ति नहीं...

पूरी जनता खड़ी थी।

कैलाश ने आसमान की ओर देखा।

उनके मन में एक ही विचार था—

"यह शुरुआत थी...

अब असली लड़ाई शुरू होगी।"

* * * * *

अध्याय 16

अदालत की लड़ाई

कैलाश की रिहाई के बाद शहर में माहौल तो शांत हुआ था,

लेकिन अंदर ही अंदर एक नई तैयारी शुरू हो चुकी थी।

अब लड़ाई सड़कों से आगे बढ़कर

अदालत तक पहुँचने वाली थी।

अगले ही दिन कैलाश और आर्यन जिला अदालत पहुँचे।

पुरानी इमारत, भीड़-भाड़ और फाइलों का ढेर—

यह जगह अपने आप में एक अलग दुनिया थी।

कैलाश ने एक अनुभवी वकील से मुलाकात की।

वकील ने पूरी बात ध्यान से सुनी।

फिर कुछ देर सोचकर कहा—

"मामला गंभीर है...

लेकिन अगर आपके पास सबूत हैं, तो हम इसे अदालत में मजबूती से रख सकते हैं।"

आर्यन ने तुरंत कहा—

"हमारे पास वीडियो, बयान और सूची सब है।"

वकील ने सिर हिलाया—

"ठीक है... हम एक याचिका दाखिल करेंगे।"

कुछ ही दिनों में मामला अदालत में पहुँच गया।

पहली सुनवाई का दिन—

कोर्ट रूम में सन्नाटा था।

जज अपनी कुर्सी पर बैठे थे।

दोनों पक्ष तैयार थे।

कैलाश पीछे की बेंच पर बैठे थे।

उनका ध्यान पूरी तरह कार्यवाही पर था।

वकील ने अदालत के सामने कहा—

"माननीय न्यायालय, यह मामला सिर्फ एक व्यक्ति का नहीं है...

यह लोकतंत्र के मूल अधिकार से जुड़ा हुआ है।"

उन्होंने आगे कहा—

"कई मतदाताओं को उनके मताधिकार से वंचित किया गया है।

और यह सिर्फ एक गलती नहीं... बल्कि एक गंभीर अनियमितता का संकेत है।"

फिर उन्होंने सबूत पेश करने शुरू किए—

- प्रभावित लोगों की सूची
- उनके बयान
- वीडियो रिकॉर्डिंग

कोर्ट रूम में हर कोई ध्यान से सुन रहा था।

दूसरी तरफ से जवाब आया—

"यह सब सिर्फ आरोप हैं...

कोई ठोस प्रमाण नहीं है कि यह जानबूझकर किया गया।"

माहौल गंभीर हो गया।

जज ने कुछ देर तक दोनों पक्षों को सुना।

फिर कहा—

"इस मामले की गंभीरता को देखते हुए...

अदालत विस्तृत जांच का आदेश देती है।"

यह सुनते ही कोर्ट रूम में हलचल हुई।

कैलाश ने गहरी सांस ली।

यह पहला कदम था—

लेकिन बहुत महत्वपूर्ण।

अगले कुछ दिनों में जांच शुरू हुई।

अधिकारियों ने लोगों के बयान लिए,

मतदाता सूची की जांच की,

और मतदान केंद्र के रिकॉर्ड खंगाले।

धीरे-धीरे सच्चाई सामने आने लगी।

कई नाम ऐसे मिले

जिनके सामने बिना उनकी उपस्थिति के ही निशान लगे थे।

एक अधिकारी ने रिपोर्ट में लिखा—

"प्रारंभिक जांच में अनियमितताओं के संकेत मिले हैं।"

यह खबर जैसे ही बाहर आई,

शहर में फिर चर्चा शुरू हो गई।

आर्यन ने उत्साह से कहा—

"मास्टर जी... सच सामने आ रहा है!"

कैलाश ने शांत स्वर में कहा—

"सच को आने में समय लगता है...

लेकिन वह आता जरूर है।"

कुछ ही दिनों बाद

मामला फिर अदालत में आया।

इस बार जज ने रिपोर्ट को ध्यान से पढ़ा।

फिर गंभीर स्वर में कहा—

"यह मामला केवल लापरवाही का नहीं लगता...

इसमें गहरी जांच की आवश्यकता है।"

कोर्ट रूम में सन्नाटा छा गया।

फिर जज ने आदेश दिया—

"प्रभावित मतदान केंद्रों पर पुनः मतदान (re-poll) कराया जाए।"

यह सुनते ही कैलाश की आँखों में चमक आ गई।

यह सिर्फ एक आदेश नहीं था—

यह उन सभी लोगों के लिए न्याय था,

जिनकी आवाज़ दबा दी गई थी।

आर्यन ने खुशी से कहा—

"हम जीत गए, मास्टर जी!"

कैलाश ने धीरे से कहा—

"यह जीत नहीं है...

यह शुरुआत है सही बदलाव की।"

उधर शहर के एक कोने में

यह खबर भी पहुँच चुकी थी।

एक आदमी ने चिंता से कहा—

"साहब... अब मामला हाथ से निकल गया है।"

कुछ पल की चुप्पी के बाद

धीमी आवाज आई—

"अब परिणाम देखना होगा..."

कैलाश अदालत से बाहर निकले।

उन्होंने आसमान की ओर देखा।

आज उन्हें पहली बार लगा—

सच सिर्फ बोला नहीं गया...

अब साबित भी हो रहा है।

* * * * *

अध्याय 17

सच का खुलासा

अदालत के आदेश के बाद शहर में हलचल तेज हो गई थी।

जांच अब औपचारिक नहीं रही—

यह एक गंभीर प्रक्रिया बन चुकी थी।

हर कोई जानना चाहता था—

सच क्या है?

जांच टीम ने प्रभावित मतदान केंद्रों पर दोबारा काम शुरू किया।

मतदाता सूची की बारीकी से जांच की गई,

रिकॉर्ड खंगाले गए,

और कर्मचारियों से पूछताछ शुरू हुई।

धीरे-धीरे एक तस्वीर साफ होने लगी।

कई नामों के सामने पहले से निशान लगाए गए थे—

बिना उन लोगों के मतदान केंद्र पर आए।

कुछ कर्मचारियों ने स्वीकार किया—

कि उन पर दबाव था।

एक अधिकारी ने अपनी रिपोर्ट में लिखा—

"यह मात्र त्रुटि नहीं,

बल्कि संगठित तरीके से की गई अनियमितता प्रतीत होती है।"

यह खबर जैसे ही बाहर आई,

पूरा शहर हिल गया।

चाय की दुकानों से लेकर बाजार तक

हर जगह एक ही चर्चा थी—

"सच सामने आ गया..."

आर्यन ने यह खबर पढ़ी और तुरंत कैलाश के पास पहुँचा।

"मास्टर जी... अब कोई शक नहीं रहा!"

कैलाश ने रिपोर्ट को ध्यान से पढ़ा।

उनके चेहरे पर कोई उत्साह नहीं था—

सिर्फ एक गहरी संतुष्टि थी।

उन्होंने धीरे से कहा—

"सच सामने आ गया है...

लेकिन अब इसे पूरी तरह साबित करना बाकी है।"

अगले दिन अदालत में फिर सुनवाई हुई।

कोर्ट रूम पहले से ज्यादा भरा हुआ था।

हर कोई इस फैसले का इंतजार कर रहा था।

जज ने जांच रिपोर्ट को ध्यान से पढ़ा।

फिर गंभीर स्वर में कहा—

"प्रस्तुत रिपोर्ट के आधार पर यह स्पष्ट है कि

मतदान प्रक्रिया में गंभीर अनियमितताएँ हुई हैं।"

कोर्ट रूम में सन्नाटा छा गया।

“यह लोकतांत्रिक प्रक्रिया के साथ गंभीर खिलवाड़ है,”

जज ने आगे कहा।

कुछ पल की चुप्पी के बाद उन्होंने आदेश दिया—

“प्रभावित क्षेत्रों में पुनः मतदान कराया जाए,

और दोषी पाए जाने वालों के खिलाफ उचित कार्रवाई की जाए।”

यह सुनते ही कोर्ट रूम में हलचल हुई।

कैलाश ने आँखें बंद कर एक गहरी सांस ली।

यह वह पल था—

जिसके लिए उन्होंने इतनी लंबी लड़ाई लड़ी थी।

आर्यन खुशी से बोला—

“मास्टर जी... सच जीत गया!”

कैलाश ने शांत स्वर में कहा—

"सच हमेशा जीतता है...

बस कभी-कभी उसे रास्ता बनाना पड़ता है।"

उधर शहर में यह खबर आग की तरह फैल गई।

लोग एक-दूसरे को बताने लगे—

"अब फिर से वोट होगा!"

"इस बार सही होगा!"

वही लोग,

जो पहले निराश थे,

अब उम्मीद से भरे हुए थे।

एक बुज़ुर्ग महिला ने कहा—

"इस बार मैं फिर जाऊँगी...

और अपना वोट खुद डालूँगी।"

कैलाश ने यह सब सुना और मुस्कुराए।

अब यह सिर्फ एक केस नहीं था—
यह लोगों के विश्वास की वापसी थी।

उधर शहर के एक कोने में
यह खबर भी पहुँच चुकी थी।

एक आदमी ने घबराकर कहा—
"साहब... सब सामने आ गया है।"

कुछ पल की चुप्पी के बाद
एक धीमी आवाज आई—
"अब नुकसान को संभालना होगा..."

लेकिन इस बार स्थिति बदल चुकी थी।
अब सच्चाई सिर्फ फाइलों में नहीं थी—
वह जनता के सामने थी।

कैलाश ने आसमान की ओर देखा।

उनके मन में एक ही विचार था—

“अब यह लड़ाई अंत की ओर बढ़ रही है...

लेकिन इसका असर बहुत दूर तक जाएगा।”

* * * * *

अध्याय 18

पुनः मतदान

अदालत के आदेश के बाद शहर में एक नई हलचल शुरू हो गई थी।

इस बार लोग सिर्फ चर्चा नहीं कर रहे थे—

वे तैयारी कर रहे थे।

पुनः मतदान का दिन तय हो चुका था।

सुबह की पहली किरण के साथ ही

मतदान केंद्रों के बाहर लंबी कतारें लगनी शुरू हो गईं।

लेकिन इस बार माहौल अलग था।

लोगों के चेहरों पर सिर्फ उत्साह नहीं था—

एक जागरूकता भी थी।

कैलाश भी अपनी साइकिल से मतदान केंद्र की ओर बढ़ रहे थे।

लेकिन आज उनके मन में कोई बेचैनी नहीं थी।

आज उन्हें पता था—

यह सिर्फ एक वोट नहीं...

एक अधिकार की पुनः प्राप्ति है।

मतदान केंद्र के बाहर पहुँचकर उन्होंने देखा—

वही लोग,

जो पहले निराश थे,

आज फिर लाइन में खड़े थे।

वही बुजुर्ग महिला भी वहाँ थी।

कैलाश उसके पास गए और बोले—

"आज तो आपका वोट जरूर पड़ेगा।"

महिला मुस्कुराई—

"इस बार कोई नहीं रोक सकता।"

कतार धीरे-धीरे आगे बढ़ रही थी।

इस बार व्यवस्था भी पहले से अधिक सख्त थी।

हर प्रक्रिया ध्यान से हो रही थी—

पहचान की जांच, सूची का मिलान,

और हर कदम पर सतर्कता।

कैलाश की बारी आई।

उन्होंने अपना पहचान पत्र दिखाया।

मतदान अधिकारी ने सूची में उनका नाम देखा...

इस बार कोई रुकावट नहीं थी।

"आपका नाम है... कृपया आगे बढ़िए," अधिकारी ने कहा।

कैलाश मतदान कक्ष के अंदर पहुँचे।

उनकी उंगली पर नीली स्याही लगाई गई।

उन्होंने उस स्याही को ध्यान से देखा।

आज वह सिर्फ एक निशान नहीं थी—

यह सम्मान था।

वे मशीन के सामने खड़े हुए।

कुछ पल के लिए रुके।

फिर उन्होंने बटन दबाया।

बीप।

एक छोटी-सी आवाज...

लेकिन उसके भीतर एक बड़ी संतुष्टि थी।

कैलाश बाहर आए।

उन्होंने अपनी उंगली को देखा—

आज उस पर स्याही थी...

और मन में एक संतोष।

उन्होंने आसमान की ओर देखा और धीरे से कहा—

"आज सच में मेरा वोट पड़ा है।"

मतदान केंद्र के बाहर

लोगों के चेहरों पर खुशी साफ दिखाई दे रही थी।

आर्यन भी वहाँ मौजूद था।

उसने कहा—

"मास्टर जी... आज सब कुछ अलग लग रहा है।"

कैलाश मुस्कुराए—

"क्योंकि आज लोग जागरूक हैं।"

पूरा दिन शांतिपूर्ण तरीके से मतदान चलता रहा।

कोई हड़बड़ी नहीं,

कोई शिकायत नहीं—

बस जिम्मेदारी और विश्वास।

शाम तक मतदान समाप्त हुआ।

लेकिन इस बार लोगों के मन में कोई शंका नहीं थी।

यह सिर्फ मतदान नहीं था—

यह लोकतंत्र में विश्वास की वापसी थी।

उधर शहर के एक कोने में

यह खबर भी पहुँच चुकी थी।

एक आदमी ने धीमी आवाज में कहा—

"साहब... इस बार सब सही हुआ।"

कुछ पल की चुप्पी के बाद

एक थकी हुई आवाज आई—

"कभी-कभी... सच को रोकना मुश्किल हो जाता है।"

उधर कैलाश अपने घर लौट रहे थे।

उनकी उंगली पर लगी स्याही

अब भी चमक रही थी।

आज वह सिर्फ एक निशान नहीं थी—

यह एक जीत थी।

* * * * *

अध्याय 19

नतीजे का दिन

पुनः मतदान के कुछ दिन बाद

शहर में एक नई बेचैनी फैल गई थी।

हर कोई इंतज़ार कर रहा था—

नतीजों का।

सुबह से ही शहर के मुख्य स्थानों पर हलचल शुरू हो गई।

चाय की दुकानों पर भीड़ थी,

लोग मोबाइल पर नजरें टिकाए बैठे थे,

और हर कुछ मिनट में एक ही सवाल पूछते—

"क्या अपडेट आया?"

आर्यन भी सुबह-सुबह कैलाश के घर पहुँच गया।

"मास्टर जी, आज फैसला हो जाएगा," उसने उत्साह से कहा।

कैलाश शांत थे।

उन्होंने धीमे स्वर में कहा—

"फैसला तो उस दिन हो गया था...

जब लोगों ने जागरूक होकर वोट दिया था।"

फिर भी माहौल में उत्सुकता थी।

दोनों ने साथ बैठकर टीवी चालू किया।

चैनल पर चुनाव परिणाम दिखाए जा रहे थे।

धीरे-धीरे परिणाम सामने आने लगे।

जिस क्षेत्र में पुनः मतदान हुआ था,

वहाँ के नतीजे पहले से बिल्कुल अलग थे।

लोगों की पसंद अब साफ दिखाई दे रही थी।

कुछ उम्मीदवार, जो पहले आगे बताए जा रहे थे,

अब पीछे छूट चुके थे।

और कुछ नए नाम सामने आ रहे थे—

जिन्हें लोगों ने अपने विश्वास से चुना था।

आर्यन उत्साहित होकर बोला—

"मास्टर जी, देखिए! इस बार नतीजे बदल गए!"

कैलाश ने स्क्रीन की ओर देखा।

उनकी आँखों में संतोष था—

लेकिन कोई अहंकार नहीं।

उन्होंने धीरे से कहा—

"यह मेरी जीत नहीं है...

यह जागरूक मतदाता की जीत है।"

बाहर गली में शोर बढ़ने लगा।

लोग आपस में बात कर रहे थे—

"इस बार सही हुआ..."

"अब सच में वोट की कीमत समझ आई..."

कुछ ही देर में

खबर पूरे शहर में फैल गई।

इस बार चुनाव परिणाम सिर्फ संख्या नहीं थे—

वे एक संदेश थे।

कि जब जनता जागरूक होती है...

तो परिणाम भी बदलते हैं।

आर्यन ने कहा—

"मास्टर जी, आपने जो शुरू किया...

उसने सब बदल दिया।"

कैलाश ने मुस्कुराकर कहा—

"मैंने कुछ नहीं किया...

लोगों ने खुद को बदला है।"

तभी वही बुजुर्ग महिला उनके घर के बाहर आई।

उसने मुस्कुराते हुए कहा—

"मास्टर जी, इस बार मेरा वोट सही जगह पहुँचा।"

कैलाश ने सिर झुकाकर कहा—

"यही सबसे बड़ी जीत है।"

उधर शहर के एक कोने में

वही खबर फिर पहुँची।

एक आदमी ने धीमी आवाज में कहा—

"साहब... सब बदल गया।"

कुछ पल की चुप्पी के बाद

एक थकी हुई आवाज आई—

"कभी-कभी... जनता ही सबसे बड़ी ताकत होती है।"

शाम धीरे-धीरे ढलने लगी।

शहर में अब शांति थी—

लेकिन यह शांति अलग थी।

यह शांति थी—

संतोष की।

कैलाश अपने घर की छत पर खड़े आसमान देख रहे थे।

उनकी उंगली पर स्याही का निशान अब हल्का पड़ने लगा था...

लेकिन उसके पीछे की कहानी अब हमेशा के लिए गहरी हो चुकी थी।

उन्होंने धीरे से कहा—

“एक वोट...

सच में ताकत रखता है।”

* * * * *

अध्याय 20

एक वोट की ताकत

चुनाव खत्म हो चुके थे।

शहर धीरे-धीरे अपनी सामान्य गति में लौट रहा था।

सड़कें वही थीं,

लोग वही थे,

लेकिन कुछ बदल चुका था—

सोच।

कैलाश आज फिर अपने स्कूल में खड़े थे।

ब्लैकबोर्ड के सामने,

अपने विद्यार्थियों के बीच।

एक छात्र ने हाथ उठाकर पूछा—

“सर, क्या सच में एक वोट से फर्क पड़ता है?”

कैलाश कुछ पल के लिए चुप रहे।

फिर उन्होंने मुस्कुराकर कहा—

"मैं तुम्हें एक कहानी सुनाता हूँ..."

कक्षा में सन्नाटा छा गया।

"एक शहर था...

जहाँ लोगों को लगता था कि उनके वोट की कोई कीमत नहीं है।"

"लेकिन फिर कुछ ऐसा हुआ...

जिसने सबको यह सोचने पर मजबूर कर दिया कि

अगर हम चुप रहे...

तो कोई भी हमारी आवाज छीन सकता है।"

"और फिर..."

उन्होंने धीरे-धीरे कहा—

"लोगों ने अपनी आवाज उठाई।"

"उन्होंने डर को पीछे छोड़ा,

और अपने अधिकार के लिए खड़े हो गए।"

कक्षा के सभी छात्र ध्यान से सुन रहे थे।

"और जब उन्होंने दोबारा वोट दिया..."

कैलाश ने अपनी उंगली की ओर इशारा किया—

"तो उन्हें एहसास हुआ कि

यह सिर्फ एक निशान नहीं है..."

उन्होंने बोर्ड पर बड़े अक्षरों में लिखा—

"यह अधिकार है।

यह जिम्मेदारी है।

यह ताकत है।"

कक्षा में तालियाँ गूंज उठीं।

एक छात्र ने फिर पूछा—

"सर, क्या उस कहानी का अंत हो गया?"

कैलाश ने हल्की मुस्कान के साथ कहा—

"नहीं..."

"उस कहानी का अंत तब होगा

जब हर नागरिक अपने वोट की कीमत समझेगा।"

उन्होंने खिड़की के बाहर देखा।

शहर अब शांत था—

लेकिन जागरूक।

कैलाश के मन में वह पूरा सफर एक बार फिर घूम गया—

कतार में खड़ा होना,

वोट न डाल पाना,

संघर्ष, आंदोलन, अदालत...

और फिर—

वह छोटा-सा "बीप"...

उन्होंने धीरे से कहा—

"एक वोट छोटा लग सकता है...

लेकिन जब वह सच के साथ खड़ा होता है,

तो पूरी व्यवस्था बदल सकता है।"

कक्षा में बैठे सभी छात्र अब सिर्फ सुन नहीं रहे थे—

वे समझ रहे थे।

घंटी बजी।

कक्षा खत्म हो गई।

लेकिन वह संदेश...

अब उनके मन में हमेशा के लिए दर्ज हो चुका था।

कैलाश बाहर निकले।

उन्होंने आसमान की ओर देखा।

आज उनके चेहरे पर एक सुकून था—

क्योंकि उन्होंने सिर्फ एक लड़ाई नहीं लड़ी थी...

उन्होंने एक सोच बदल दी थी।

और शायद...

यही एक वोट की असली ताकत है।

* * * * *

भाग 2

मतदाता मार्गदर्शिका—अधिकार, प्रक्रिया और शक्ति

अध्याय 1

मतदाता कौन बन सकता है

भारत एक लोकतांत्रिक देश है और यहाँ की सबसे बड़ी शक्ति **जनता का वोट** है। हर नागरिक को सरकार चुनने का अधिकार मिलता है। इसी अधिकार के आधार पर देश की संसद, विधानसभाएँ और स्थानीय सरकारें बनती हैं।

भारत में मतदान का अधिकार उस हर नागरिक को प्राप्त है जो:

1. **भारत का नागरिक हो।**
2. **जिसकी आयु 18 वर्ष या उससे अधिक हो।**
3. **जिसका नाम संबंधित क्षेत्र की मतदाता सूची (Electoral Roll) में दर्ज हो।**

मतदाता सूची में नाम दर्ज होना बहुत आवश्यक है। यदि किसी व्यक्ति का नाम मतदाता सूची में नहीं है, तो वह मतदान नहीं कर सकता, चाहे उसके पास पहचान पत्र ही क्यों न हो।

मतदाता बनने के लिए नागरिक को अपना नाम मतदाता सूची में जुड़वाना होता है। इसके लिए **Form-6** भरकर आवेदन किया जाता है। आज के समय में यह प्रक्रिया ऑनलाइन भी उपलब्ध है, जिससे नागरिक आसानी से अपना नाम मतदाता सूची में जोड़ सकते हैं।

भारत में मतदाता पंजीकरण और चुनाव की पूरी व्यवस्था का संचालन Election Commission of India द्वारा किया जाता है। यह संस्था स्वतंत्र और निष्पक्ष चुनाव कराने के लिए जिम्मेदार है।

चुनाव आयोग का उद्देश्य यह सुनिश्चित करना है कि हर पात्र नागरिक को मतदान का अवसर मिले और कोई भी नागरिक अपने लोकतांत्रिक अधिकार से वंचित न रह जाए।

इसलिए हर नागरिक का कर्तव्य है कि वह:

- अपना नाम मतदाता सूची में अवश्य दर्ज कराए
- अपने मतदान अधिकार का उपयोग करे
- दूसरों को भी मतदान के लिए प्रेरित करे

क्योंकि लोकतंत्र की असली ताकत **जागरूक मतदाता** ही होता है।

* * * * *

अध्याय 2

मतदाता पहचान पत्र (Voter ID)

भारत में मतदान करते समय मतदाता की पहचान सुनिश्चित करना बहुत महत्वपूर्ण होता है। इसी उद्देश्य से मतदाता को एक विशेष पहचान पत्र दिया जाता है जिसे **मतदाता पहचान पत्र** या **Voter ID Card** कहा जाता है।

इस पहचान पत्र को आधिकारिक रूप से **EPIC (Electors Photo Identity Card)** कहा जाता है। यह कार्ड यह प्रमाणित करता है कि व्यक्ति का नाम मतदाता सूची में दर्ज है और वह मतदान करने के लिए पात्र है।

मतदाता पहचान पत्र जारी करने की जिम्मेदारी Election Commission of India की होती है। इस कार्ड में मतदाता की फोटो, नाम, पता और एक विशेष पहचान संख्या (EPIC Number) दर्ज होती है।

मतदाता पहचान पत्र के मुख्य उद्देश्य हैं:

1. मतदान के समय मतदाता की सही पहचान सुनिश्चित करना।
2. चुनाव प्रक्रिया में पारदर्शिता बनाए रखना।
3. फर्जी मतदान को रोकना।

आज के समय में मतदाता पहचान पत्र बनवाना पहले की तुलना में बहुत आसान हो गया है। नागरिक ऑनलाइन आवेदन करके भी अपना Voter ID बनवा सकते हैं।

मतदाता पहचान पत्र केवल एक दस्तावेज नहीं है, बल्कि यह लोकतंत्र में आपकी भागीदारी का प्रतीक है। जब कोई नागरिक मतदान केंद्र पर जाकर अपना वोट देता है, तब वह केवल एक उम्मीदवार नहीं चुनता बल्कि वह देश के भविष्य के निर्माण में अपनी भूमिका निभाता है।

इसलिए हर नागरिक को चाहिए कि वह:

- अपना **Voter ID अवश्य बनवाए**
- मतदान के समय इसका उपयोग करे
- दूसरों को भी Voter ID बनवाने के लिए प्रेरित करे

एक जिम्मेदार नागरिक वही है जो अपने अधिकारों को समझता है और उनका सही उपयोग करता है।

* * * * *

अध्याय 3

मतदाता के अधिकार

भारत एक लोकतांत्रिक गणराज्य है जहाँ सरकार का गठन जनता के वोट से होता है। इसलिए हर नागरिक को मतदान से संबंधित कुछ महत्वपूर्ण अधिकार प्राप्त होते हैं। ये अधिकार लोकतंत्र को मजबूत बनाते हैं और चुनाव प्रक्रिया को निष्पक्ष बनाए रखने में मदद करते हैं।

भारत में चुनाव व्यवस्था का संचालन Election Commission of India द्वारा किया जाता है, जो यह सुनिश्चित करता है कि प्रत्येक मतदाता अपने अधिकारों का स्वतंत्र रूप से उपयोग कर सके।

नीचे मतदाताओं के कुछ प्रमुख अधिकार दिए गए हैं:

1. मतदान का अधिकार

हर भारतीय नागरिक जिसकी आयु **18 वर्ष या उससे अधिक** है और जिसका नाम मतदाता सूची में दर्ज है, उसे मतदान करने का अधिकार है। यह अधिकार लोकतंत्र की नींव है।

2. गोपनीय मतदान का अधिकार

मतदाता को यह अधिकार प्राप्त है कि उसका वोट पूरी तरह गोपनीय रहे। कोई भी व्यक्ति यह नहीं जान सकता कि मतदाता ने किस उम्मीदवार को वोट दिया है।

3. NOTA का अधिकार

यदि मतदाता को चुनाव में खड़े किसी भी उम्मीदवार पर विश्वास नहीं है, तो वह **NOTA (None Of The Above)** का विकल्प चुन सकता है। यह विकल्प मतदाता को अपनी असहमति व्यक्त करने का अधिकार देता है।

4. मतदाता सूची में नाम जुड़वाने का अधिकार

हर पात्र नागरिक को यह अधिकार है कि वह मतदाता सूची में अपना नाम दर्ज करवा सके। यदि किसी कारण से नाम सूची में नहीं है, तो वह आवेदन करके इसे जुड़वा सकता है।

5. शिकायत करने का अधिकार

यदि चुनाव के दौरान कोई गड़बड़ी, दबाव, डर या अनियमितता होती है, तो मतदाता चुनाव आयोग में शिकायत कर सकता है।

6. उम्मीदवारों की जानकारी जानने का अधिकार

मतदाता को यह अधिकार है कि वह चुनाव लड़ रहे उम्मीदवारों की शैक्षिक योग्यता, संपत्ति और आपराधिक मामलों से संबंधित जानकारी प्राप्त कर सके।

मतदाता के ये अधिकार केवल कागज़ पर लिखे नियम नहीं हैं, बल्कि यह लोकतंत्र की सुरक्षा के लिए बनाए गए महत्वपूर्ण सिद्धांत हैं।

जब नागरिक अपने अधिकारों को समझते हैं और उनका सही उपयोग करते हैं, तब लोकतंत्र मजबूत होता है और देश की शासन व्यवस्था अधिक पारदर्शी बनती है।

इसलिए हर नागरिक को चाहिए कि वह अपने मतदाता अधिकारों को जाने, समझे और उनका उपयोग करके लोकतंत्र को सशक्त बनाए।

* * * * *

अध्याय 4

मतदान की प्रक्रिया (EVM और VVPAT)

भारत में चुनाव प्रक्रिया को सरल, सुरक्षित और पारदर्शी बनाने के लिए **Electronic Voting Machine (EVM)** का उपयोग किया जाता है। EVM के माध्यम से मतदान करना तेज, सुरक्षित और विश्वसनीय माना जाता है।

भारत में चुनावों का संचालन Election Commission of India द्वारा किया जाता है, जो यह सुनिश्चित करता है कि मतदान प्रक्रिया निष्पक्ष और पारदर्शी तरीके से संपन्न हो।

EVM क्या है?

EVM एक इलेक्ट्रॉनिक मशीन होती है जिसके माध्यम से मतदाता अपने पसंदीदा उम्मीदवार को वोट देता है। यह मशीन दो मुख्य भागों से मिलकर बनी होती है:

1. **Control Unit** – यह मतदान अधिकारी के पास रहती है और पूरे मतदान की प्रक्रिया को नियंत्रित करती है।
2. **Ballot Unit** – यह वह मशीन होती है जिसमें उम्मीदवारों के नाम और उनके चुनाव चिन्ह दिखाई देते हैं। मतदाता इसी मशीन में बटन दबाकर वोट देता है।

जब मतदाता मतदान केंद्र पर पहुँचता है, तब सबसे पहले मतदान अधिकारी उसकी पहचान की जाँच करता है। इसके बाद मतदाता को मतदान करने की अनुमति दी जाती है।

मतदान करने के लिए मतदाता:

- बैलेट यूनिट पर अपने पसंदीदा उम्मीदवार के सामने लगे **नीले बटन** को दबाता है।
- बटन दबाने के बाद मशीन से एक **बीप की आवाज़** आती है, जो यह संकेत देती है कि वोट सफलतापूर्वक दर्ज हो गया है।

VVPAT क्या है?

EVM के साथ एक और महत्वपूर्ण उपकरण जुड़ा होता है जिसे **VVPAT (Voter Verifiable Paper Audit Trail)** कहा जाता है।

VVPAT एक छोटी मशीन होती है जो मतदाता को यह पुष्टि करने का अवसर देती है कि उसका वोट सही उम्मीदवार को गया है।

जब मतदाता बटन दबाता है, तब VVPAT मशीन में एक छोटी पर्ची दिखाई देती है जिसमें उम्मीदवार का नाम और चुनाव चिन्ह कुछ सेकंड के लिए दिखाई देता है। इसके बाद वह पर्ची सुरक्षित रूप से मशीन के अंदर गिर जाती है।

इस व्यवस्था से चुनाव प्रक्रिया में पारदर्शिता और विश्वास बढ़ता है।

* * * * *

अध्याय 5

जिम्मेदार मतदाता की भूमिका

लोकतंत्र केवल चुनाव कराने से मजबूत नहीं होता, बल्कि तब मजबूत होता है जब देश के नागरिक जागरूक और जिम्मेदार होकर अपने मताधिकार का उपयोग करते हैं। एक जिम्मेदार मतदाता लोकतंत्र की सबसे महत्वपूर्ण शक्ति होता है।

भारत में चुनाव व्यवस्था को निष्पक्ष और पारदर्शी बनाए रखने की जिम्मेदारी Election Commission of India निभाता है, लेकिन लोकतंत्र की सफलता अंततः नागरिकों की भागीदारी पर निर्भर करती है।

जिम्मेदार मतदाता कौन होता है?

जिम्मेदार मतदाता वह होता है जो सोच-समझकर मतदान करता है और अपने वोट की शक्ति को समझता है। वह केवल व्यक्तिगत लाभ या किसी लालच के आधार पर वोट नहीं देता, बल्कि देश और समाज के हित को ध्यान में रखकर अपना निर्णय करता है।

जिम्मेदार मतदाता की प्रमुख विशेषताएँ

1. जानकारी लेकर मतदान करना

एक जिम्मेदार मतदाता चुनाव लड़ रहे उम्मीदवारों के बारे में जानकारी प्राप्त करता है। वह उनकी योग्यता, कार्य और विचारों को समझकर मतदान करता है।

2. लालच से दूर रहना

कभी-कभी चुनाव के दौरान मतदाताओं को पैसे, उपहार या अन्य लालच देकर वोट प्रभावित करने की कोशिश की जाती है। एक जागरूक मतदाता ऐसे किसी भी प्रलोभन को स्वीकार नहीं करता।

3. जाति और धर्म से ऊपर उठकर मतदान करना

लोकतंत्र में मतदान का निर्णय समाज और देश के हित को ध्यान में रखकर किया जाना चाहिए, न कि केवल जाति, धर्म या व्यक्तिगत संबंधों के आधार पर।

4. दूसरों को मतदान के लिए प्रेरित करना

एक जिम्मेदार नागरिक केवल स्वयं मतदान नहीं करता, बल्कि अपने परिवार, मित्रों और समाज के लोगों को भी मतदान के लिए प्रेरित करता है।

5. चुनाव प्रक्रिया का सम्मान करना

मतदाता को चुनाव से जुड़े नियमों का पालन करना चाहिए और चुनाव प्रक्रिया की गरिमा बनाए रखनी चाहिए।

लोकतंत्र की असली ताकत

लोकतंत्र की असली शक्ति केवल संविधान या संस्थाओं में नहीं होती, बल्कि उन नागरिकों में होती है जो अपने अधिकारों और कर्तव्यों के प्रति जागरूक होते हैं।

जब देश के नागरिक जिम्मेदारी से मतदान करते हैं, तब सही प्रतिनिधि चुने जाते हैं और देश की शासन व्यवस्था मजबूत बनती है।

इसलिए हर नागरिक को यह समझना चाहिए कि उसका वोट केवल एक बटन दबाने की क्रिया नहीं है, बल्कि यह देश के भविष्य को तय करने वाला निर्णय है।

याद रखिए—

एक जागरूक मतदाता ही मजबूत लोकतंत्र की नींव होता है।

* * * * *

अध्याय 6

लोकतंत्र में वोट की ताकत

भारत दुनिया का सबसे बड़ा लोकतांत्रिक देश है। यहाँ सरकार का गठन जनता के वोट के आधार पर होता है। यही कारण है कि एक साधारण नागरिक का वोट भी बहुत महत्वपूर्ण माना जाता है।

लोकतंत्र का मूल सिद्धांत यह है कि देश की सत्ता जनता के हाथ में होती है। जनता अपने प्रतिनिधियों को चुनती है और वही प्रतिनिधि देश और समाज के लिए निर्णय लेते हैं। इस पूरी व्यवस्था की सबसे बड़ी शक्ति **मतदाता** होता है।

भारत में चुनाव प्रक्रिया की निगरानी और संचालन Election Commission of India द्वारा किया जाता है, जो यह सुनिश्चित करता है कि हर चुनाव स्वतंत्र, निष्पक्ष और पारदर्शी तरीके से सम्पन्न हो।

एक वोट का महत्व

कई बार लोगों को लगता है कि उनके एक वोट से क्या फर्क पड़ेगा। लेकिन इतिहास में कई ऐसे चुनाव हुए हैं जहाँ बहुत कम मतों के अंतर से परिणाम तय हुए हैं। यह साबित करता है कि हर वोट की अपनी कीमत होती है।

एक वोट:

- सरकार बना सकता है
- सरकार गिरा सकता है
- देश की दिशा बदल सकता है

इसलिए किसी भी नागरिक को यह नहीं सोचना चाहिए कि उसका वोट महत्वहीन है।

जागरूक मतदाता का महत्व

जब नागरिक जागरूक होकर मतदान करते हैं, तब लोकतंत्र मजबूत होता है। जागरूक मतदाता वही होता है जो उम्मीदवारों की योग्यता, नीतियों और कार्यों को समझकर मतदान करता है।

जागरूक मतदाता:

- लोकतंत्र को मजबूत बनाता है
- सही प्रतिनिधि चुनने में मदद करता है
- देश के विकास में योगदान देता है

लोकतंत्र की रक्षा

लोकतंत्र केवल चुनाव के दिन तक सीमित नहीं होता। यह एक निरंतर प्रक्रिया है जिसमें नागरिकों की सक्रिय भागीदारी आवश्यक होती है।

जब लोग मतदान से दूर रहते हैं, तब लोकतंत्र कमजोर हो जाता है। लेकिन जब नागरिक उत्साह के साथ मतदान करते हैं, तब लोकतंत्र की नींव मजबूत होती है।

संदेश

हर नागरिक को यह समझना चाहिए कि मतदान केवल अधिकार नहीं बल्कि एक महत्वपूर्ण जिम्मेदारी भी है।

जब आप मतदान करते हैं, तब आप केवल एक उम्मीदवार नहीं चुनते, बल्कि देश के भविष्य की दिशा तय करने में भाग लेते हैं।

इसलिए याद रखिए:

"आपका एक वोट केवल एक बटन नहीं, बल्कि भारत के भविष्य का निर्णय है।"

* * * * *

भाग 3

सजग नागरिक, समर्थ भारत

(अधिकार, कर्तव्य और चुनाव की संपूर्ण मार्गदर्शिका)

अध्याय 1

विश्व और भारत में चुनाव प्रक्रिया का इतिहास

लोकतंत्र की अवधारणा आज दुनिया के कई देशों में अपनाई जाती है, लेकिन चुनाव और मतदान की परंपरा बहुत पुराने समय से विकसित होती रही है। चुनाव का मूल उद्देश्य यह है कि जनता अपने प्रतिनिधियों को स्वयं चुने और शासन में अपनी भागीदारी सुनिश्चित करे।

प्राचीन काल में चुनाव

इतिहासकारों के अनुसार सबसे पहले संगठित मतदान प्रणाली प्राचीन ग्रीस में देखने को मिलती है। वहाँ नागरिक सभाओं में लोग अपने प्रतिनिधियों और निर्णयों के लिए मतदान करते थे। उस समय मतदान का अधिकार केवल कुछ विशेष नागरिकों तक सीमित था।

प्राचीन रोम में भी कुछ सार्वजनिक पदों के लिए मतदान की व्यवस्था थी। हालांकि उस समय चुनाव प्रणाली आज की तरह व्यापक और समान अधिकार वाली नहीं थी।

आधुनिक लोकतंत्र की शुरुआत

आधुनिक लोकतांत्रिक चुनाव प्रणाली का विकास यूरोप में धीरे-धीरे हुआ। 18वीं और 19वीं शताब्दी में कई देशों में लोकतांत्रिक सुधार हुए और लोगों को मतदान का अधिकार मिलने लगा।

समय के साथ-साथ यह सिद्धांत विकसित हुआ कि हर वयस्क नागरिक को समान मतदान अधिकार होना चाहिए। इसे **Universal Adult Franchise** कहा जाता है।

आज दुनिया के अधिकांश लोकतांत्रिक देशों में यह व्यवस्था लागू है कि एक निश्चित आयु के बाद हर नागरिक को मतदान का अधिकार मिलता है।

भारत में चुनाव प्रक्रिया का इतिहास

भारत में आधुनिक चुनाव प्रणाली की शुरुआत स्वतंत्रता के बाद हुई। भारत के संविधान ने यह सुनिश्चित किया कि हर वयस्क नागरिक को बिना किसी भेदभाव के मतदान का अधिकार मिले।

भारत में चुनावों का संचालन और प्रबंधन Election Commission of India द्वारा किया जाता है। यह संस्था स्वतंत्र और निष्पक्ष चुनाव कराने के लिए जिम्मेदार है।

भारत का पहला आम चुनाव **1951–52** में हुआ था। यह विश्व के इतिहास का सबसे बड़ा लोकतांत्रिक चुनाव माना जाता है। उस समय करोड़ों लोगों ने पहली बार मतदान में भाग लिया।

भारत ने शुरुआत से ही **सार्वभौमिक वयस्क मताधिकार** को अपनाया, जिसका अर्थ है कि 18 वर्ष या उससे अधिक आयु का हर नागरिक मतदान कर सकता है।

भारतीय चुनाव प्रणाली की विशेषताएँ

भारत की चुनाव प्रणाली की कुछ महत्वपूर्ण विशेषताएँ हैं:

- सार्वभौमिक वयस्क मताधिकार
- स्वतंत्र चुनाव आयोग
- इलेक्ट्रॉनिक वोटिंग मशीन (EVM) का उपयोग
- निष्पक्ष और पारदर्शी चुनाव प्रक्रिया

भारत का लोकतंत्र दुनिया के सबसे बड़े और सबसे सक्रिय लोकतंत्रों में से एक माना जाता है।

निष्कर्ष

चुनाव केवल सरकार बनाने की प्रक्रिया नहीं है, बल्कि यह लोकतंत्र की आत्मा है। जब नागरिक मतदान करते हैं, तब वे अपने देश के भविष्य को आकार देने में भाग लेते हैं।

इसलिए हर नागरिक का कर्तव्य है कि वह अपने मतदान के अधिकार को समझे और उसका उपयोग करे।

क्योंकि लोकतंत्र की असली शक्ति जनता के वोट में ही निहित होती है।

* * * * *

अध्याय 2

भारत के चुनावों के रोचक तथ्य

भारत को दुनिया का सबसे बड़ा लोकतंत्र माना जाता है। यहाँ होने वाले चुनाव केवल देश के लिए ही नहीं, बल्कि पूरे विश्व के लिए एक अद्भुत उदाहरण हैं। भारत की चुनाव प्रक्रिया इतनी विशाल और जटिल है कि इसे सफलतापूर्वक संचालित करना अपने आप में एक बड़ी उपलब्धि है।

भारत में चुनावों का संचालन Election Commission of India द्वारा किया जाता है, जो स्वतंत्र और निष्पक्ष चुनाव सुनिश्चित करने के लिए जिम्मेदार है।

भारत के चुनावों से जुड़े कुछ रोचक तथ्य इस प्रकार हैं:

1. दुनिया का सबसे बड़ा चुनाव

भारत में होने वाले आम चुनाव दुनिया के सबसे बड़े चुनाव होते हैं। करोड़ों मतदाता मतदान प्रक्रिया में भाग लेते हैं और लाखों मतदान केंद्र बनाए जाते हैं।

2. 1951–52 का पहला आम चुनाव

भारत का पहला आम चुनाव **1951–52** में आयोजित किया गया था। यह उस समय दुनिया का सबसे बड़ा लोकतांत्रिक चुनाव था। उस चुनाव में करोड़ों मतदाताओं ने पहली बार मतदान किया।

3. लाखों मतदान केंद्र

भारत में चुनाव के समय लाखों मतदान केंद्र बनाए जाते हैं ताकि हर नागरिक को अपने क्षेत्र के पास ही मतदान करने की सुविधा मिल सके।

4. दूर-दराज क्षेत्रों में भी मतदान

भारत में चुनाव आयोग यह सुनिश्चित करता है कि देश के सबसे दूरस्थ क्षेत्रों में रहने वाले नागरिक भी मतदान कर सकें। पहाड़ों, जंगलों और द्वीपों तक भी मतदान दल पहुँचाए जाते हैं।

5. इलेक्ट्रॉनिक वोटिंग मशीन (EVM)

भारत उन देशों में से एक है जहाँ चुनावों में **Electronic Voting Machine (EVM)** का व्यापक उपयोग किया जाता है। इससे मतदान प्रक्रिया तेज, सुरक्षित और पारदर्शी बनती है।

6. महिलाओं की बढ़ती भागीदारी

पिछले कुछ वर्षों में भारत में महिलाओं की मतदान में भागीदारी लगातार बढ़ी है। कई चुनावों में महिलाओं का मतदान प्रतिशत पुरुषों के बराबर या उससे अधिक भी रहा है।

7. युवा मतदाताओं की भूमिका

भारत में हर चुनाव में लाखों नए युवा मतदाता पहली बार मतदान करते हैं। युवाओं की यह भागीदारी लोकतंत्र को और अधिक मजबूत बनाती है।

निष्कर्ष

भारत का चुनाव केवल एक राजनीतिक प्रक्रिया नहीं है, बल्कि यह लोकतंत्र का एक विशाल उत्सव है। इसमें देश के करोड़ों नागरिक भाग लेते हैं और अपने प्रतिनिधियों को चुनते हैं।

यह प्रक्रिया हमें यह याद दिलाती है कि लोकतंत्र की असली ताकत जनता के हाथ में है।

जब नागरिक जागरूक होकर मतदान करते हैं, तब लोकतंत्र और भी मजबूत बनता है।

* * * * *

अध्याय 3

भारत में चुनाव कैसे होते हैं (Step by Step)

भारत में चुनाव एक व्यवस्थित और पारदर्शी प्रक्रिया के माध्यम से आयोजित किए जाते हैं। यह पूरी प्रक्रिया कई चरणों में पूरी होती है ताकि हर नागरिक को स्वतंत्र और निष्पक्ष तरीके से मतदान करने का अवसर मिल सके।

भारत में चुनावों का संचालन और निगरानी Election Commission of India द्वारा की जाती है। यह संस्था चुनावों को निष्पक्ष और पारदर्शी बनाने के लिए जिम्मेदार है।

नीचे भारत में चुनाव की प्रक्रिया को चरणबद्ध तरीके से समझाया गया है।

1. चुनाव की घोषणा

सबसे पहले चुनाव आयोग चुनाव की तिथि की घोषणा करता है। इसके साथ ही पूरे देश या राज्य में **आचार संहिता (Model Code of Conduct)** लागू हो जाती है।

आचार संहिता लागू होने के बाद सरकार और राजनीतिक दलों को कुछ नियमों का पालन करना पड़ता है ताकि चुनाव निष्पक्ष तरीके से हो सके।

2. उम्मीदवारों का नामांकन

चुनाव लड़ने वाले उम्मीदवार निर्धारित समय के भीतर अपना **नामांकन पत्र (Nomination Form)** जमा करते हैं। इसके बाद चुनाव अधिकारी उन नामांकन पत्रों की जांच करते हैं।

यदि किसी उम्मीदवार के दस्तावेज सही नहीं होते, तो उसका नामांकन रद्द भी किया जा सकता है।

3. चुनाव प्रचार

नामांकन की प्रक्रिया पूरी होने के बाद उम्मीदवार अपने चुनाव क्षेत्र में प्रचार शुरू करते हैं। वे जनता के बीच जाकर अपने विचार, योजनाएँ और वादे बताते हैं।

इस दौरान सभी राजनीतिक दलों और उम्मीदवारों को चुनाव आयोग के नियमों का पालन करना होता है।

4. मतदान का दिन

निर्धारित तिथि को मतदान होता है। मतदाता अपने नजदीकी मतदान केंद्र पर जाकर मतदान करते हैं।

मतदान के समय:

- मतदाता की पहचान की जांच की जाती है
- उसके बाद उसे मतदान करने की अनुमति दी जाती है
- मतदाता **EVM (Electronic Voting Machine)** में बटन दबाकर अपना वोट देता है

5. मतों की गिनती

मतदान समाप्त होने के बाद सभी मशीनों को सुरक्षित स्थान पर रखा जाता है। निर्धारित तिथि को मतों की गिनती की जाती है।

गिनती के बाद जिस उम्मीदवार को सबसे अधिक वोट मिलते हैं, उसे विजयी घोषित किया जाता है।

6. परिणाम की घोषणा

मतगणना पूरी होने के बाद चुनाव आयोग आधिकारिक रूप से परिणाम घोषित करता है। इसके बाद विजयी उम्मीदवार जनता के प्रतिनिधि के रूप में चुना जाता है।

निष्कर्ष

भारत की चुनाव प्रक्रिया एक विस्तृत और सुव्यवस्थित व्यवस्था है, जिसका उद्देश्य यह सुनिश्चित करना है कि हर नागरिक को निष्पक्ष और स्वतंत्र रूप से मतदान करने का अवसर मिले।

जब नागरिक इस प्रक्रिया में सक्रिय रूप से भाग लेते हैं, तब लोकतंत्र मजबूत होता है और देश की शासन व्यवस्था अधिक उत्तरदायी बनती है।

इसलिए हर नागरिक का कर्तव्य है कि वह चुनाव में भाग ले और अपने मतदान के अधिकार का उपयोग करे।

* * * * *

अध्याय 4

यदि लोग वोट न दें तो लोकतंत्र का क्या होगा?

लोकतंत्र की सबसे बड़ी शक्ति जनता का मतदान है। जब नागरिक अपने मताधिकार का उपयोग करते हैं, तभी लोकतांत्रिक व्यवस्था सही तरीके से काम करती है। लेकिन यदि लोग मतदान से दूर रहने लगें, तो इसका सीधा प्रभाव लोकतंत्र की मजबूती पर पड़ता है।

लोकतांत्रिक व्यवस्था में सरकार जनता द्वारा चुनी जाती है। यदि बहुत कम लोग मतदान करते हैं, तो यह संभव है कि चुनी हुई सरकार वास्तव में पूरे समाज की इच्छा का सही प्रतिनिधित्व न कर पाए।

भारत में चुनावों का संचालन Election Commission of India द्वारा किया जाता है, जो नागरिकों को मतदान के लिए प्रेरित भी करता है। इसी उद्देश्य से मतदाता जागरूकता कार्यक्रम भी चलाए जाते हैं।

कम मतदान के दुष्परिणाम

यदि नागरिक मतदान नहीं करते, तो इसके कई नकारात्मक प्रभाव हो सकते हैं।

1. लोकतंत्र कमजोर हो जाता है

जब लोग मतदान नहीं करते, तो लोकतंत्र की बुनियाद कमजोर हो जाती है। लोकतंत्र तभी मजबूत होता है जब अधिक से अधिक नागरिक चुनाव में भाग लेते हैं।

2. गलत प्रतिनिधि चुने जा सकते हैं

यदि जागरूक नागरिक मतदान से दूर रहें, तो ऐसे लोग सत्ता में आ सकते हैं जो वास्तव में समाज के हित में काम न करें।

3. जनता की आवाज कमजोर हो जाती है

मतदान जनता की आवाज है। यदि लोग वोट नहीं देते, तो उनकी आवाज शासन व्यवस्था में कमज़ोर पड़ जाती है।

4. लोकतांत्रिक भागीदारी कम हो जाती है

लोकतंत्र केवल नेताओं और सरकार का नहीं होता, बल्कि यह जनता की सक्रिय भागीदारी पर आधारित होता है। जब लोग चुनाव में भाग नहीं लेते, तो लोकतंत्र का मूल उद्देश्य प्रभावित होता है।

जागरूक नागरिक की भूमिका

हर नागरिक का यह कर्तव्य है कि वह मतदान करे और दूसरों को भी मतदान के लिए प्रेरित करे। जब समाज के अधिक लोग मतदान करते हैं, तब लोकतंत्र अधिक मजबूत और प्रभावी बनता है।

निष्कर्ष

लोकतंत्र केवल एक शासन प्रणाली नहीं है, बल्कि यह जनता की शक्ति का प्रतीक है। यह शक्ति तभी प्रभावी होती है जब नागरिक अपने मतदान अधिकार का उपयोग करते हैं।

इसलिए हर नागरिक को यह समझना चाहिए कि उसका एक वोट भी महत्वपूर्ण है।

जब नागरिक मतदान करते हैं, तब लोकतंत्र जीवित रहता है।

और जब नागरिक मतदान से दूर हो जाते हैं, तब लोकतंत्र कमजोर होने लगता है।

* * * * *

अध्याय 5

भारत के चुनावों के ऐतिहासिक रिकॉर्ड और महत्वपूर्ण घटनाएँ

भारत दुनिया का सबसे बड़ा लोकतंत्र है और यहाँ होने वाले चुनाव कई मायनों में ऐतिहासिक और अद्वितीय रहे हैं। समय-समय पर भारतीय चुनावों में ऐसे कई रिकॉर्ड और घटनाएँ सामने आई हैं जिन्होंने लोकतांत्रिक व्यवस्था की शक्ति और व्यापकता को दिखाया है।

भारत में चुनावों की पूरी प्रक्रिया का संचालन Election Commission of India द्वारा किया जाता है, जो यह सुनिश्चित करता है कि चुनाव स्वतंत्र, निष्पक्ष और पारदर्शी तरीके से सम्पन्न हों।

पहला आम चुनाव (1951–52)

भारत का पहला आम चुनाव **1951–52** में आयोजित किया गया था। यह विश्व इतिहास का उस समय का सबसे बड़ा लोकतांत्रिक चुनाव था। उस समय देश के करोड़ों मतदाताओं ने पहली बार अपने प्रतिनिधियों को चुनने के लिए मतदान किया।

उस समय मतदान प्रक्रिया बहुत चुनौतीपूर्ण थी क्योंकि देश के कई हिस्सों में परिवहन और संचार की सुविधाएँ सीमित थीं।

फिर भी चुनाव सफलतापूर्वक सम्पन्न हुआ और यह भारत के लोकतंत्र की मजबूत शुरुआत साबित हुआ।

दुनिया का सबसे बड़ा लोकतांत्रिक चुनाव

भारत के आम चुनावों में करोड़ों मतदाता भाग लेते हैं। लाखों मतदान केंद्र बनाए जाते हैं और हजारों अधिकारी चुनाव प्रक्रिया को सफल बनाने के लिए काम करते हैं।

इस विशाल चुनाव प्रक्रिया के कारण भारत के आम चुनावों को अक्सर **दुनिया का सबसे बड़ा लोकतांत्रिक आयोजन** कहा जाता है।

दूरस्थ क्षेत्रों में मतदान

भारत में चुनाव आयोग यह सुनिश्चित करता है कि हर नागरिक को मतदान का अवसर मिले, चाहे वह कितने ही दूर या कठिन क्षेत्र में क्यों न रहता हो। पहाड़ी क्षेत्रों, जंगलों और द्वीपों में भी मतदान केंद्र स्थापित किए जाते हैं।

कई बार चुनाव अधिकारी केवल एक या दो मतदाताओं के लिए भी दूर-दराज क्षेत्रों तक पहुँचते हैं। यह भारत के लोकतंत्र की समावेशी प्रकृति को दर्शाता है।

महिलाओं और युवाओं की भागीदारी

समय के साथ भारत में महिलाओं और युवाओं की मतदान में भागीदारी लगातार बढ़ी है। आज के चुनावों में महिलाएँ और युवा मतदाता लोकतंत्र को मजबूत बनाने में महत्वपूर्ण भूमिका निभा रहे हैं।

यह बदलाव इस बात का संकेत है कि समाज में लोकतांत्रिक जागरूकता बढ़ रही है।

तकनीक का उपयोग

भारत ने चुनाव प्रक्रिया को अधिक पारदर्शी और तेज बनाने के लिए **Electronic Voting Machine (EVM)** और **VVPAT** जैसी तकनीकों का उपयोग शुरू किया। इससे मतदान और मतगणना की प्रक्रिया अधिक सुरक्षित और विश्वसनीय हो गई है।

निष्कर्ष

भारत के चुनाव केवल एक प्रशासनिक प्रक्रिया नहीं हैं, बल्कि यह लोकतंत्र का एक विशाल और जीवंत उत्सव हैं। इसमें देश के करोड़ों नागरिक भाग लेते हैं और अपने प्रतिनिधियों को चुनते हैं।

भारत की चुनाव प्रणाली यह दिखाती है कि जब जनता जागरूक होती है और सक्रिय रूप से मतदान करती है, तब लोकतंत्र और अधिक मजबूत बनता है।

भारत का लोकतंत्र इस बात का प्रमाण है कि जनता की शक्ति ही सबसे बड़ी शक्ति होती है।

* * * * *

अध्याय 6

मतदाता के 10 महत्वपूर्ण कर्तव्य

लोकतंत्र केवल अधिकारों से नहीं चलता, बल्कि नागरिकों के कर्तव्यों से भी मजबूत बनता है। जैसे मतदाता को मतदान करने का अधिकार प्राप्त है, वैसे ही उसके कुछ महत्वपूर्ण कर्तव्य भी होते हैं।

जब नागरिक अपने कर्तव्यों को समझते हैं और उनका पालन करते हैं, तब लोकतंत्र और अधिक मजबूत बनता है।

भारत में चुनाव व्यवस्था को निष्पक्ष और पारदर्शी बनाए रखने का कार्य Election Commission of India द्वारा किया जाता है, लेकिन लोकतंत्र की वास्तविक शक्ति नागरिकों की भागीदारी पर निर्भर करती है।

नीचे मतदाता के कुछ महत्वपूर्ण कर्तव्य बताए गए हैं:

1. मतदान अवश्य करना

हर पात्र नागरिक का कर्तव्य है कि वह चुनाव के दिन मतदान अवश्य करे।

2. उम्मीदवारों की जानकारी लेना

मतदान करने से पहले उम्मीदवारों के बारे में जानकारी प्राप्त करना आवश्यक है।

3. लालच से प्रभावित न होना

पैसे, उपहार या किसी अन्य लालच के बदले वोट देना लोकतंत्र के लिए हानिकारक है।

4. जाति और धर्म से ऊपर उठकर मतदान करना

मतदान का निर्णय देश और समाज के हित को ध्यान में रखकर करना चाहिए।

5. मतदाता सूची में नाम दर्ज कराना

हर नागरिक को यह सुनिश्चित करना चाहिए कि उसका नाम मतदाता सूची में दर्ज हो।

6. दूसरों को मतदान के लिए प्रेरित करना

एक जागरूक मतदाता अपने परिवार और समाज के लोगों को भी मतदान के लिए प्रेरित करता है।

7. चुनाव नियमों का सम्मान करना

मतदाता को चुनाव प्रक्रिया और नियमों का सम्मान करना चाहिए।

8. लोकतांत्रिक मूल्यों का पालन करना

मतदाता को लोकतंत्र की मर्यादा और मूल्यों को बनाए रखना चाहिए।

9. जागरूक नागरिक बनना

देश और समाज से जुड़े मुद्दों को समझना और जिम्मेदारी से निर्णय लेना आवश्यक है।

10. लोकतंत्र की रक्षा करना

हर नागरिक का कर्तव्य है कि वह लोकतंत्र की रक्षा करे और इसे मजबूत बनाए।

निष्कर्ष

लोकतंत्र तभी मजबूत होता है जब नागरिक अपने अधिकारों के साथ-साथ अपने कर्तव्यों को भी समझते हैं।

जब मतदाता जागरूक होकर अपने कर्तव्यों का पालन करते हैं, तब लोकतंत्र अधिक मजबूत, पारदर्शी और प्रभावी बनता है।

एक जागरूक मतदाता ही मजबूत लोकतंत्र की नींव होता है।

* * * * *

अध्याय 7

लोकतंत्र में मतदाता की भूमिका

लोकतंत्र की वास्तविक शक्ति जनता के हाथ में होती है, और इस शक्ति का सबसे महत्वपूर्ण माध्यम है – मतदान। मतदाता केवल एक व्यक्ति नहीं होता, बल्कि वह पूरे राष्ट्र के भविष्य को निर्धारित करने वाला एक जिम्मेदार नागरिक होता है। इसलिए लोकतंत्र में मतदाता की भूमिका अत्यंत महत्वपूर्ण और निर्णायक होती है।

जब कोई नागरिक मतदान करता है, तो वह केवल किसी उम्मीदवार को नहीं चुनता, बल्कि वह देश की नीतियों, विकास की दिशा और शासन व्यवस्था को भी प्रभावित करता है। एक जागरूक मतदाता लोकतंत्र की मजबूती का आधार होता है।

मतदाता की जिम्मेदारी केवल मतदान करने तक सीमित नहीं होती। उसे यह भी समझना चाहिए कि जिस उम्मीदवार को वह वोट दे रहा है, उसका चरित्र, कार्यशैली, नीतियाँ और समाज के प्रति दृष्टिकोण क्या है। यदि मतदाता केवल जाति, धर्म, भावनाओं या अस्थायी लाभ के आधार पर मतदान करता है, तो लोकतंत्र कमजोर हो सकता है।

एक जिम्मेदार मतदाता को निम्न बातों का ध्यान रखना चाहिए—

1. उम्मीदवार के कार्य और उसकी छवि को समझना
2. राजनीतिक दल की नीतियों और विचारधारा को जानना
3. समाज और देश के दीर्घकालिक हित को प्राथमिकता देना
4. मतदान अवश्य करना और दूसरों को भी प्रेरित करना
5. लोकतांत्रिक मूल्यों और संविधान का सम्मान करना

भारत जैसे विशाल लोकतंत्र में मतदाता जागरूकता अत्यंत आवश्यक है। कई बार देखा जाता है कि कुछ लोग मतदान को महत्व नहीं देते और मतदान के दिन घर पर ही रहते हैं। यह लोकतंत्र के लिए एक गंभीर समस्या है। जब नागरिक मतदान नहीं करते, तो लोकतंत्र की वास्तविक शक्ति कमजोर पड़ जाती है।

इसलिए प्रत्येक नागरिक को यह समझना चाहिए कि उसका एक वोट बहुत मूल्यवान है। इतिहास में कई ऐसे चुनाव हुए हैं जहाँ बहुत कम मतों के अंतर से परिणाम तय हुए हैं। इसका अर्थ है कि एक-एक वोट लोकतंत्र के लिए महत्वपूर्ण होता है।

युवा मतदाताओं की भूमिका भी अत्यंत महत्वपूर्ण है। युवा नई सोच, नई ऊर्जा और परिवर्तन की इच्छा लेकर आते हैं। यदि युवा राजनीति और मतदान प्रक्रिया में सक्रिय भागीदारी करें, तो लोकतंत्र और अधिक मजबूत बन सकता है।

अंततः लोकतंत्र की सफलता केवल सरकार या चुनाव आयोग पर निर्भर नहीं करती, बल्कि यह नागरिकों की जागरूकता और जिम्मेदारी पर भी निर्भर करती है। जब मतदाता जागरूक, जिम्मेदार और सक्रिय होते हैं, तभी लोकतंत्र वास्तव में मजबूत और प्रभावी बनता है।

* * * * *

अध्याय 8

एक वोट – लोकतंत्र की सबसे बड़ी शक्ति

लोकतंत्र केवल एक शासन प्रणाली नहीं है, बल्कि यह जनता की सामूहिक शक्ति का प्रतीक है। इस शक्ति का सबसे सरल और प्रभावशाली रूप है – एक वोट।

एक मतदाता का वोट छोटा लग सकता है, लेकिन जब करोड़ों वोट एक साथ मिलते हैं, तो वे सरकार बनाते हैं, नीतियाँ तय करते हैं और देश की दिशा निर्धारित करते हैं। यही कारण है कि लोकतंत्र में मतदाता को सबसे बड़ा अधिकार और सबसे बड़ी जिम्मेदारी दी गई है।

भारत जैसे विशाल और विविधतापूर्ण देश में चुनाव केवल एक प्रशासनिक प्रक्रिया नहीं है। यह एक ऐसा अवसर है, जब देश का हर नागरिक बराबरी के अधिकार के साथ अपनी आवाज़ दर्ज कर सकता है। चाहे वह अमीर हो या गरीब, शिक्षित हो या अशिक्षित – मतदान के समय हर व्यक्ति का वोट समान मूल्य रखता है।

इतिहास गवाह है कि कई बार चुनावों के परिणाम बहुत कम मतों के अंतर से तय हुए हैं। ऐसे में यह स्पष्ट हो जाता है कि एक वोट भी चुनाव की दिशा बदल सकता है। इसलिए यह

कहना गलत नहीं होगा कि लोकतंत्र की सबसे बड़ी ताकत एक जागरूक मतदाता और उसका वोट है।

लेकिन लोकतंत्र की मजबूती केवल मतदान करने से नहीं आती। इसके लिए यह भी आवश्यक है कि मतदाता जागरूक हो, सोच-समझकर निर्णय ले और किसी भी प्रकार के लालच, डर या भ्रम से प्रभावित हुए बिना मतदान करे।

आज के समय में सोशल मीडिया, अफवाहें और गलत सूचनाएँ भी मतदाताओं को प्रभावित करने की कोशिश करती हैं। इसलिए प्रत्येक नागरिक का यह कर्तव्य है कि वह सही जानकारी प्राप्त करे और जिम्मेदारी के साथ मतदान करे।

एक जागरूक मतदाता न केवल स्वयं मतदान करता है, बल्कि अपने परिवार, मित्रों और समाज को भी मतदान के लिए प्रेरित करता है। जब समाज में मतदान को एक जिम्मेदारी और सम्मान के रूप में देखा जाने लगेगा, तभी लोकतंत्र वास्तव में मजबूत बनेगा।

इस पुस्तक का उद्देश्य केवल चुनाव प्रक्रिया को समझाना नहीं है, बल्कि मतदाताओं को यह याद दिलाना भी है कि उनका वोट केवल एक बटन दबाना नहीं है, बल्कि यह देश के भविष्य को तय करने वाला निर्णय है।

जब हर नागरिक यह समझ जाएगा कि उसका वोट लोकतंत्र की सबसे बड़ी शक्ति है, तब हमारा लोकतंत्र और अधिक मजबूत, पारदर्शी और जनहितकारी बन सकेगा।

अंत में यही कहा जा सकता है—

लोकतंत्र की असली ताकत किसी नेता, दल या सरकार में नहीं, बल्कि जागरूक मतदाता और उसके एक वोट में होती है।

* * * * *

अध्याय 9

महत्वपूर्ण ऐतिहासिक तथ्य जो हर नागरिक को जानने चाहिए

प्रेरणा: भारत के पहले मतदाता से सीख

श्याम सरन नेगी

भारत के लोकतंत्र की कहानी केवल संविधान और चुनावों की नहीं है, बल्कि उन साधारण नागरिकों की भी है जिन्होंने अपने मताधिकार का सम्मान किया और उसे निभाया।

श्याम सरन नेगी ऐसे ही एक प्रेरणादायक व्यक्ति थे, जिन्हें व्यापक रूप से भारत के पहले मतदाता के रूप में जाना जाता है।

वर्ष 1951–52 में जब भारत में पहला आम चुनाव हुआ, तब हिमाचल प्रदेश के किन्नौर क्षेत्र में मौसम की परिस्थितियों के कारण मतदान पहले कराया गया। इसी दौरान श्याम सरन नेगी ने सबसे पहले अपना वोट डाला। इस ऐतिहासिक क्षण ने उन्हें लोकतंत्र के इतिहास में एक विशेष स्थान दिलाया।

हालांकि आधिकारिक रूप से किसी एक व्यक्ति को "भारत का पहला मतदाता" घोषित नहीं किया गया है, फिर भी नेगी जी को इस रूप में सम्मानित किया जाता है क्योंकि उन्होंने सबसे पहले मतदान कर लोकतंत्र में अपनी भागीदारी निभाई।

उनकी सबसे बड़ी विशेषता यह थी कि उन्होंने केवल एक बार नहीं, बल्कि अपने पूरे जीवन में हर चुनाव में मतदान किया। 100 वर्ष से अधिक आयु होने के बाद भी वे मतदान के प्रति उतने ही जागरूक और प्रतिबद्ध रहे।

उनका जीवन हमें यह सिखाता है कि मतदान केवल एक अधिकार नहीं, बल्कि एक जिम्मेदारी है। यह हमारे देश के भविष्य को तय करने का माध्यम है।

आज जब हम मतदान करते हैं, तो हम केवल एक बटन नहीं दबाते, बल्कि हम अपने देश की दिशा तय करते हैं। श्याम सरन नेगी जैसे नागरिक हमें यह याद दिलाते हैं कि हर वोट महत्वपूर्ण है।

उनकी यह भावना हर नागरिक के लिए एक संदेश है—

"मतदान केवल अधिकार नहीं, बल्कि लोकतंत्र के प्रति हमारी जिम्मेदारी है।

पहली मतपेटी (Ballot Box)

पहले चुनाव में आज की तरह मशीनें (EVM) नहीं थीं। हर उम्मीदवार के लिए एक अलग स्टील का डिब्बा होता था जिस पर उसका चुनाव चिह्न छपा होता था। मतदाताओं को अपनी पर्ची अपनी पसंद के उम्मीदवार के डिब्बे में डालनी होती थी।

अमिट स्याही का जन्म

1951 में पहली बार 'सिल्वर नाइट्रेट' से बनी उस स्याही का इस्तेमाल हुआ जो हफ्तों तक नहीं छूटती। इसे मैसूर की एक

लैब में तैयार किया गया था ताकि कोई दोबारा वोट न डाल सके।

चुनौतीपूर्ण आंकड़े

पहले चुनाव में 17.3 करोड़ मतदाता थे, जिनमें से लगभग 85% पढ़ना-लिखना नहीं जानते थे। इसीलिए चुनाव चिह्नों (Symbols) का उपयोग शुरू किया गया ताकि एक अनपढ़ व्यक्ति भी अपनी पसंद की सरकार चुन सके।

'नोटा' (NOTA) से पहले की व्यवस्था (Rule 49-O)

आज हम 'नोटा' का बटन दबाते हैं, लेकिन बहुत कम लोगों को पता है कि नोटा आने से पहले भी मना करने का अधिकार था। इसे **'रूल 49-ओ'** कहा जाता था। इसके तहत वोटर को चुनाव अधिकारी के पास एक रजिस्टर में दस्तखत करके यह दर्ज कराना पड़ता था कि वह किसी को वोट नहीं देना चाहता। इसमें 'गोपनीयता' नहीं रहती थी, जिसे बाद में सुप्रीम कोर्ट ने बदल दिया।

एक वोट की हार और सरकार का गिरना

आम तौर पर लोग सोचते हैं कि "मेरे एक वोट से क्या होगा?" उन्हें **1999 का उदाहरण** जरूर देना चाहिए। उस साल केंद्र सरकार (अटल बिहारी वाजपेयी सरकार) संसद में **सिर्फ 1 वोट** से हार गई थी और गिर गई थी। यह उदाहरण साबित करता है कि लोकतंत्र में 'एक' की संख्या कितनी बलवान है।

महिला वोटरों का 'अदृश्य' होना (1951-52)

पहले चुनाव में लगभग **28 लाख महिलाओं** के नाम मतदाता सूची से काट दिए गए थे। कारण यह था कि उन्होंने अपना नाम बताने के बजाय 'अमुक की माँ' या 'अमुक की पत्नी' लिखवाया था। चुनाव आयोग के पहले सुकुमार सेन ने कड़ा फैसला लिया कि बिना नाम के कोई वोट नहीं डालेगा। यह भारतीय महिलाओं के लिए 'अपने नाम' से पहचान पाने की पहली बड़ी लड़ाई थी।

दुनिया का सबसे छोटा पोलिंग बूथ

भारत में आज भी ऐसे बूथ हैं जो सिर्फ **एक वोटर** के लिए बनाए जाते हैं। गुजरात के गिर के जंगलों में 'बानेज' (Banejs) नाम की जगह पर महंत भारतदास दर्शनदास के लिए दशकों तक विशेष पोलिंग बूथ बनाया जाता था। यह दिखाता है कि भारत का चुनाव आयोग एक-एक नागरिक की आवाज़ की कितनी कीमत समझता है।

जब 'उंगली' नहीं, 'पूरा हाथ' रंगा जाता था

शुरुआती दौर में केवल नाखून पर निशान नहीं लगाया जाता था। 1962 के चुनावों तक, अमिट स्याही को उंगली के जोड़ (Joint) से लेकर नाखून के सिरे तक पूरी तरह रगड़ दिया जाता था ताकि किसी भी तरह की धोखाधड़ी की गुंजाइश न रहे।

सबसे पहला चुनाव चिह्न (Symbols)

चूँकि उस समय साक्षरता कम थी, इसलिए चुनाव आयोग ने 'पिक्चर सिंबल' चुने। पहले चुनाव में 'दो बैलों की जोड़ी', 'हसिया-

हथौड़ा' और 'हाथी' जैसे सरल चिह्न रखे गए ताकि ग्रामीण जनता आसानी से पहचान सके।

कैलाश मास्टर और नेगी जी का संदेश

जब हमारी कहानी का नायक कैलाश मास्टर व्यवस्था से लड़ते हुए थकने लगता है, तब उसे श्याम सरन नेगी का जीवन याद आता है। वह सोचता है कि अगर एक व्यक्ति 106 साल की उम्र तक अपनी उंगली की ताकत पर भरोसा रख सकता है, तो वह (कैलाश) अपनी चोरी हुई पहचान की लड़ाई कैसे छोड़ सकता है?

* * * * *

अध्याय 10

जागरूक मतदाता मार्गदर्शिका

(Voter Awareness & Action Guide)

लोकतंत्र की सफलता केवल चुनाव कराने में नहीं, बल्कि जागरूक नागरिकों की भागीदारी में होती है। एक मतदाता का सही ज्ञान और जिम्मेदार व्यवहार ही लोकतंत्र को मजबूत बनाता है। इस अध्याय में मतदान से जुड़ी आवश्यक और प्रमाणित जानकारी सरल रूप में प्रस्तुत की गई है।

मतदान कैसे करें

मतदान करना हर नागरिक का अधिकार और कर्तव्य दोनों है। मतदान की प्रक्रिया निम्न प्रकार है:

1. मतदान केंद्र पर जाएँ

अपने निर्धारित मतदान केंद्र (Polling Booth) पर जाएँ। आपका नाम मतदाता सूची में होना आवश्यक है।

2. पहचान पत्र दिखाएँ

मतदान के लिए कोई एक मान्य पहचान पत्र साथ ले जाएँ, जैसे:

- वोटर आईडी (EPIC)
- आधार कार्ड

- पासपोर्ट
- ड्राइविंग लाइसेंस
- पैन कार्ड आदि

3. उंगली पर स्याही लगाई जाएगी

मतदान अधिकारी आपकी उंगली पर अमिट स्याही लगाएगा, जो यह दर्शाता है कि आपने मतदान कर लिया है।

4. EVM पर वोट डालें

इलेक्ट्रॉनिक वोटिंग मशीन (EVM) में अपनी पसंद के उम्मीदवार के सामने बटन दबाएँ। बटन दबाने पर बीप की आवाज आती है।

5. VVPAT से पुष्टि करें

VVPAT मशीन में कुछ सेकंड के लिए पर्ची दिखाई देती है, जिससे यह पुष्टि होती है कि आपका वोट सही उम्मीदवार को गया है।

आपका अधिकार: अगर वोट पहले से डाला हुआ दिखे

यदि आपको बताया जाए कि आपका वोट पहले ही डाला जा चुका है, तो घबराएँ नहीं। आपके पास यह अधिकार है:

- तुरंत मतदान अधिकारी को सूचित करें
- "टेंडर्ड वोट (Tendered Vote)" की मांग करें
- रजिस्टर में अपना हस्ताक्षर करें
- बैलेट पेपर के माध्यम से अपना वोट दर्ज करें

शिकायत कहाँ करें

यदि आपको मतदान प्रक्रिया में किसी प्रकार की गड़बड़ी दिखाई दे, तो आप शिकायत कर सकते हैं:

- बूथ लेवल अधिकारी (BLO)
- प्रीसाइडिंग ऑफिसर
- निर्वाचन अधिकारी
- हेल्पलाइन नंबर: **1950**
- भारत निर्वाचन आयोग की आधिकारिक वेबसाइट
- Voter Helpline App
- cVIGIL App

महत्वपूर्ण डिजिटल सुविधाएँ

भारत निर्वाचन आयोग द्वारा कई उपयोगी ऐप उपलब्ध कराए गए हैं:

- **Voter Helpline App** – नाम खोजें, मतदान केंद्र की जानकारी प्राप्त करें
- **cVIGIL App** – आचार संहिता उल्लंघन की शिकायत करें
- **Know Your Candidate App** – उम्मीदवारों की जानकारी देखें

NOTA का विकल्प

यदि आपको कोई भी उम्मीदवार उपयुक्त नहीं लगता, तो आप **NOTA (None of the Above)** का उपयोग कर सकते हैं। यह आपका अधिकार है।

विशेष सुविधाएँ

निर्वाचन आयोग द्वारा दिव्यांग एवं वरिष्ठ नागरिकों के लिए विशेष सुविधाएँ उपलब्ध कराई जाती हैं:

- व्हीलचेयर सुविधा
- अलग कतार
- सहायक की अनुमति
- कुछ परिस्थितियों में घर से मतदान की सुविधा

एक जागरूक मतदाता का संकल्प

मैं, भारत का एक जिम्मेदार नागरिक, यह संकल्प लेता/लेती हूँ कि—

- मैं हर चुनाव में मतदान अवश्य करूंगा/करूँगी
- मैं अपने मताधिकार का प्रयोग सोच-समझकर करूंगा/करूँगी
- मैं किसी भी लालच, दबाव या डर के प्रभाव में नहीं आऊंगा/आऊँगी
- मैं अपने परिवार और समाज को भी मतदान के लिए प्रेरित करूंगा/करूँगी
- मैं लोकतंत्र की मर्यादा बनाए रखने में अपनी भूमिका निभाऊंगा/निभाऊँगी

भारत के हर नागरिक के लिए लोकतांत्रिक संदेश

लोकतंत्र केवल एक शासन प्रणाली नहीं है, बल्कि यह जनता की सामूहिक शक्ति और जिम्मेदारी का प्रतीक है। किसी भी

लोकतांत्रिक देश की सफलता इस बात पर निर्भर करती है कि उसके नागरिक कितने जागरूक और सक्रिय हैं।

भारत दुनिया का सबसे बड़ा लोकतंत्र है। यहाँ करोड़ों लोग मतदान के माध्यम से अपने प्रतिनिधियों का चुनाव करते हैं और देश की दिशा तय करने में भाग लेते हैं। इस विशाल लोकतंत्र की सबसे बड़ी ताकत **एक साधारण नागरिक का वोट** है।

जब नागरिक मतदान करते हैं, तब वे केवल सरकार नहीं चुनते, बल्कि वे अपने देश के भविष्य का निर्णय करते हैं। उनका एक वोट विकास, न्याय और बेहतर शासन की दिशा तय कर सकता है।

लेकिन लोकतंत्र तभी मजबूत रहता है जब नागरिक अपने अधिकारों के साथ-साथ अपने कर्तव्यों को भी समझते हैं। मतदान करना केवल अधिकार नहीं, बल्कि एक महत्वपूर्ण जिम्मेदारी भी है।

हर नागरिक को यह समझना चाहिए कि:

- उसका वोट मूल्यवान है
- उसकी भागीदारी लोकतंत्र को मजबूत बनाती है
- उसकी जागरूकता देश के भविष्य को बेहतर बना सकती है

यदि हर नागरिक यह संकल्प ले कि वह मतदान अवश्य करेगा और दूसरों को भी इसके लिए प्रेरित करेगा, तो लोकतंत्र और अधिक मजबूत तथा प्रभावी बन सकता है।

इसलिए आइए हम सभी यह संकल्प लें कि हम अपने मताधिकार का सम्मान करेंगे और लोकतंत्र की इस महान परंपरा को मजबूत बनाएंगे।

याद रखिए—

लोकतंत्र की असली ताकत जनता के वोट में होती है।

लोकतंत्र की असली ताकत किसी सरकार या नेता में नहीं, बल्कि जागरूक मतदाता में होती है। एक वोट केवल एक बटन नहीं, बल्कि देश के भविष्य का निर्णय है।

जब एक नागरिक मतदान करता है, तो वह केवल अपना अधिकार नहीं निभाता, बल्कि अपने देश की दिशा तय करता है।

इसलिए याद रखिए—

एक वोट की ताकत पूरे देश का भविष्य बदल सकती है।

* * * * *

www.ingramcontent.com/pod-product-compliance
Lightning Source LLC
LaVergne TN
LVHW090400210926
848480LV00002B/403
9798904312831